# 식량 불평등
## 어떻게
## 해결할까?

## 식량 불평등
## 어떻게 해결할까?

2판 3쇄 발행  2023년 4월 15일

글쓴이  김택원
펴낸이  이경민
펴낸곳  ㈜동아엠앤비
출판등록  2014년 3월 28일(제25100-2014-000025호)
주소  (03737) 서울특별시 서대문구 충정로 35-17 인촌빌딩 1층
홈페이지  www.dongamnb.com
전화  (편집) 02-392-6903    (마케팅) 02-392-6900
팩스  02-392-6902
SNS  🅵 🅾 🆀
전자우편  damnb0401@naver.com


ISBN  979-11-6363-529-1(44300)
      979-11-87336-40-2(세트)

굶는 자와
남는 식량,
스마트 농업이
그리는 해법

김택원 지음

# 식량 불평등 어떻게 해결할까?

동아엠앤비

## 작가의 말

언젠가부터 봄 풍경이 바뀌었다. 과거의 봄은 순서가 있었다. 아직 남아 있는 눈과 얼음을 뚫고 피어난 목련이 겨울의 끝을 알리고, 개나리꽃이 배턴을 넘겨받아 계절의 변화를 고하고, 진달래가 성큼 다가선 봄을 반기고, 벚꽃이 흐드러지게 피어나 완연한 봄 소식을 전했다. 그러나 지금은 다르다. 목련과 개나리, 진달래, 벚꽃이 거의 모두 한꺼번에 피어나기 일쑤다. 평균기온이 높아지면서 꽃들의 개화시기가 교란된 탓이다.

평균기온 변화는 식물의 생식 패턴에 결정적인 영향을 미친다. 생식 패턴이 바뀌면 식물이 열매를 맺기까지의 과정, 즉 작물을 재배하는 방법도 바뀌어야 한다. 때를 놓치면 일 년 동안의 고생을 그르치는 농사에는 커다란 문제다.

이미 곳곳에서 변화의 조짐이 보인다. 세계에서 평균기온이 가장 빨리 변하는 곳 중 하나인 우리나라에서는 주요 농작물의 경작 한계선이 빠르게 북상하고 있다. 경상도와 전라도 이남에서 주로 생산되던 사과는 재배에 적합한 지역이 북상해 현재는 강원도 양구에서도 농사가 가능할 정도다. 이에 따라 통계청에서는 국내에서 많이 소비되는 과일인 사과, 복숭아, 포도 등을 재배할 수 있는 농지가 감소할 것으로 예측하기도 했다.

시야를 세계로 넓히면 문제가 더 심각하다. 기후변화는 여러 지역의 생태 환경이나 생물다양성에 큰 영향을 미쳐 식량 생산량을 떨어트릴 수 있다. UN 산하 기후변화 정부간 협의체(IPCC)에서는 2019년 8월 8일 온실가스를 줄이지 않으면 수십 년 내에 인류가 식량위기에 직면하게 될 것이라는 보고서를 발간했다. IPCC의 발표에 앞서 2017년 세계적인 학술지 〈미국과학원회보(PNAS)〉에 게재된 논문에 따르면 지구의 평균 기온이 1℃ 상승할 때마다 전 세계 농작물 생산량중 밀은 6.0%, 쌀은 3.2%, 옥수수는 7.4%, 콩은 3.1% 감소할 것이라고 내다봤다. 연구팀에서 현재 예상되는 평균기온 상승폭을 반영해 추산한 바에 따르면 전 세계 곡물 생산량은 18.2%나 줄어드는 것으로 나타났다.

현실에서도 불안한 징후가 보인다. 사하라 이남의 아프리카는 벌써 10년 넘게 이어지는 가뭄으로 고통받고 있으며, 최근에는 메뚜기 떼까지 창궐하여 기근이 심화되고 있다. 여기에 COVID-19(신종 코로나바이러스 감염증)에 따른 전세계적인 격리까지 겹쳐 식량 교역망이 마비되면서 문제가 커졌다. UN 세계식량계획(WFP)에서는 2019년 말 기준 약 1억 3000만 명인 기아 인구가 COVID-19 사태 이후 2억 6000만 명에 이를 것으로 내다봤다.

그러나 기후변화로 이득을 보는 지역도 있다. 대표적인 곳이 사하라사막이 있는 북아프리카이다. 현재 이 지역의 대부분은 농업이 거의 불가능한 황무지와 사막이지만 고대에는 세계에서도 손꼽히는 곡창지대였다. 최근의 기후변화 관련 연구에 따르면 근대에 낮아진 지구 평균기온이 사막 형성에 중대한 영향을 미쳤다고 한다. 기후가 변하면서 지중해에서 불어오던 축축한 바람이 더 이상 불지 않고, 아프리카의 내륙에서 메마른 바람이 불어 온 탓에 거대한 사막이 형성됐다는 것이다. 따라서 지구의 평균기온이 상승하면 바람의 방향이 다시 북풍으로 바뀌어 북아프리카 일대는 농사에 적합한 해양성 기후로 바뀔 가능성이 높다.

　침엽수림이 대부분을 차지하고 있는 툰드라도 기온 상승에 따라 이득을 보는 지역이다. 러시아에 풍부한 석탄과 석유, 천연가스는 먼 과거에 이곳이 생물량이 풍부한 아열대림이었음을 암시한다. 러시아 북부의 광활한 툰드라 지대는 지금은 얼어 붙은 동토지만 기온이 상승하면 비옥한 흑토 지대로 변해 대규모 농사가 가능해질 것으로 보인다.

　기후변화는 분명 인류의 미래를 좌우할 만큼 중대한 도전이다. 그러나 식량 문제에서만큼은 기후변화로 인해 피해가 심각할지는 가늠하기 어렵다. 기후변화가 지역에 따라 서로 다른 영향을 미치기에, 연구자에 따라서는 지구 전체로 봤을 때 현재의 기후변화가 세계의 식량 사정에 큰 영향을 미치지 않는다고 여기기도 한다. 기후변화와 같은 자연환경의 변화보다 더 위협적인 것은 인간이 만든 식량 교역 시스템일 수도 있다. COVID-19사태는 소수 농업대국에서 농작물들을 대규모로 경작해 판매하는 '산업형 농업'에 식량을 의존할 경우, 우리의 식생활이 얼마나 쉽게 위협받을 수 있는지 보여준다. COVID-19 사태 초기인 2020년 초봄에는 팬데믹 위기에 맞서 러시아를 비롯한 주요 농산물 수출국들에서 일부 작물의 수출을 제한하기 시작한 바 있다. 여기에 더해 각국의 국경이 막히면서 중간 유통망까지 제대로 작동하지 않았다. 게다가 일부 국가에서 사재기가 기승을 부리자, 전 세계 식량 생산량은 세계 인구를 먹여살리고 남을 만큼 충분한데도 기근이 확대될 가능성이 높아졌다. 지역끼리, 국가끼리 식량 의존도가 높기 때문이다. 우리나라도 예외가 아니다. 지금처럼 국제적으로 식량 유통이 원활하지 않은 사태가 반복된다면, 해외에서 많은 식량을 수입하는 우리나라에는 장기적으로 타격이 클 수밖에 없다.

당면한 기후변화와 국제 교역의 변화는 우리의 식량 사정에 중요한 과제를 던진다. 지금까지 우리가 당연하게 여겨 왔던 농업이 앞으로도 지속될 수 있을 것인가? 식량을 안정적으로 조달하기 위해 새로운 체제가 필요한 것은 아닌가? 우리는 변화에 얼마나 대비하고 있는가? 농업의 변화는 어떤 기회를 만들 것인가?

이러한 질문에 대한 답을 조금이나마 엿보고자 이 책을 기획했다. 현재 식량 생산 체계의 문제점을 농업을 중심으로 짚어보고 대안을 살펴봄으로써 우리가 무엇을 준비해야 하는지, 새로운 농업에는 무엇이 필요할지 이해하는 데 조금이나마 도움이 된다면 다행일 것이다.

1부

# 식량 위기가
# 바꾼 역사

# 전쟁보다 더 무서운 기근[1]

⸙

"서울 내외에 굶어 죽은 시체가 도로에 이어지고 있습니다. 혹은 부모 처자가 서로 베고 깔고 함께 죽은 경우도 있고, 혹은 어미는 이미 죽고 아이가 그 곁에서 엎드려 그 젖을 만지며 빨다가 곧이어 따라 죽기도 합니다. 울고 불고 신음하는 소리에 지나가는 자도 흐느낍니다. 더욱이 전염병은 날로 치솟아 열풍이 불꽃을 일으키는 듯한 기세입니다. 병에 걸리지 않은 사람이 드문데, 걸렸다 하면 곧 성 밖에서 죽습니다. 사방이 염병(染病)[2] 이라 온통 움막을 지어 끝없이 펼쳐지니, 참혹한 광경과 놀라운 심정을 이루 말할 수 있겠습니까. 서울 밖의 죽어가는 참상은 이미 전쟁에 비길 바가 아닙니다. 더군다나 보리와 밀을 이미 그르쳤고 수수와 좁쌀도 다시 벌레가 먹었으니, 이로부터 겨우 살아남은 백성들은 생기가

---

1  기근(飢饉/饑饉): '飢/饑'는 곡식이 익지 않은 것, '饉/饉'은 채소가 익지 않은 것을 의미함. 흉년으로 먹을 양식이 모자라 굶주림.

2  '장티푸스'를 일컫는 말. 장티푸스는 살모넬라 균종의 특정 아종에 감염되어 발생하며 발열과 복통 등의 신체 전반에 걸친 증상이 나타나는 질환이다.

모두 사라져 버렸습니다."

《조선왕조실록》'현종개수실록(顯宗改修實錄)'에 실린 상소문이다. 이 상소문은 조선 18대 임금 현종 시절 대사헌을 지낸 장선징張善澂이 재위 12년 6월 4일에 극심한 기근의 실태를 알리고자 올렸다. 1670년부터 2년간 조선 전역을 휩쓸고 사회의 근간을 뒤흔든 '경신 대기근'에 대하여 묘사한 내용이다.

기록에 따르면 당시 기근과 전염병으로 죽은 사람이 적게는 20만 명, 많게는 85만 명에 달했다고 한다. 17세기 중반의 조선 인구는 1000~1500만 정도로 추정되니, 불과 2년 사이에 조선 전체 인구의 5% 정도가 사망한 것이다. 지금으로 치면 2년 간 250만 명이 전염병과 기근으로 죽은 셈이니 그 심각성을 짐작할 수 있다. 이는 임진년(임진왜란)과 병자년(병자호란)의 전쟁보다도 심한 참상이었다.

대기근은 임진왜란과 병자호란 이상으로 조선의 사회상을 크게 바꿔 놓았다. 현종 대의 대기근에 이어 1695년 숙종 대에 다시 한 번 큰 기근을 겪으면서 생산인구가 크게 줄었다. 희생자의 상당수는 조선 사회에서 생산을 책임진 농민과 천민들이었다. 일할 사람이 줄어드니 양반들이 소유한 농장도 황폐해지기 시작했다. 지방은 더 심했다. 구휼 체계가 나름 작동해서 굶어 죽을 가능성은 적었던 한양으로 지방 사람들이 몰려든 탓이다. 더러는 굶주림에 지친 유민들이 북방과 만주 지역으로 대거 옮겨 가기도 했다.

이렇게 되자 농장에서 일하던 사람은 사라지고, 새로 일할 사람을 찾기도 어려워졌다. 자연히 농업을 근간으로 한 기존의 경제 구조와 사회 제도는 뿌리부터 흔들리기 시작했다. 그 탓일까, 역 사상의 기록으로 보아도 조선의 17세기는 한시도 바람 잘 날 없었 다.

17세기 조선을 뒤흔든 대기근은 식량이 사람들의 생활과 사회 가 유지되는 데 얼마나 중요한지 보여준다. 대기근이 지속되는 동 안 나름 지배층에 속한 사람들인 조정의 대신들은 물론이고 왕 가의 일원까지도 매일의 끼니를 걱정하는 것이 일상이었다. 기근 은 외교관계에까지 영향을 줬다. 병자호란으로 크게 싸우기도 했 고, 멸망한 명나라에 대한 의리를 지키겠다고 청나라와 거리를 두 던 조선 조정은 결국 고개를 숙이고 쌀을 빌려 오기까지 할 정도 였다. 조선의 사신으로부터 사정을 전해들은 청나라 황제 강희제 가 '조선은 왕이 약하고 신하가 강하니 그런 일이 일어난 것'이라 며 부정적으로 묘사한 것은 잘 알려진 일이다.

물론 전근대 사회가 이러한 종류의 재난에 마냥 무기력하지만 은 않았다. 기근과 홍수에 따른 식량 부족 현상은 인류가 농경을 시작한 이래 줄곧 겪어 왔던 재난인 만큼, 나름의 해결책도 있었 다.

고대 이집트에서는 풍년이 들었을 때 정부에서 직접 식량을 비 축했다가 흉년이 들었을 때 나눠 주는 방식으로 대처했다. 17세기 의 조선도 마찬가지였다. 조선에서는 당시의 세계적 기준에 비춰 봐도 괜찮은 구휼 체계를 갖춘 것으로 평가된다. 정부가 조세로

받은 쌀이 관아에 쌓여 있는 동안은 진휼소(賑恤所)[3]에서 법에 규정된 대로 식량을 풀어 굶주린 사람들을 먹이고 기근 피해가 더 심각해지지 않게 하는 데 중요한 역할을 했다. 한 고장에서 흉년이 들더라도 다른 고장으로부터 식량을 운반해 와 큰 문제 없이 위기를 넘길 수 있었다.

그러나 경신 대기근처럼 전국적인 기아 사태가 발생하면 전근대 사회의 생산력과 행정력만으로는 사태를 무사히 해결하는 것이 불가능했다. 제법 곳간이 큰 마을은 비축한 식량이 조금 오래 가기는 했지만 전 국토에 흉년이 들어 어디서나 식량이 모자란 상황에서는 금세 바닥을 드러냈다. 진휼소는 어디까지나 좁은 지역에서 일시적으로 생겨난 기근 사태에만 도움이 되었을 뿐, 전국적으로 몇 개월씩이나 이어지는 대기근에 대처하기에는 너무 빈약했다. 불과 2년만 기근이 이어져도 진휼소의 쌀이 떨어져 제 기능을 하지 못했다. 굶어 죽는 사람이 속출하면서부터는 운송망도 무너져서 곡창지역이 정상화된 이후에도 쌀을 다른 고장으로 옮기지 못할 정도였다. 이 때문에 가뭄이 진정된 이후에도 여전히 굶는 지역이 적지 않았다.

당시 사람들에게 이러한 대기근은 자신이 알고 있던 문명 사회

---

3 죽을 쑤어 제공하는 곳. 이 외에도 곡물을 저장, 보관하여 기민을 구제하는 창제(倉制)나 환자를 치료하고 병사자는 매장하는 역할을 하는 구료소(救療所) 등이 있었다.

"아, 이 해의 처참한 기근을 차마 말할 수 있겠는가. 홍수와 가뭄과 바람 서리의 재변이 팔도가 똑같아서 곡식이 여물지 않아 굶주려 죽은 사람이 길에 널렸다. 목숨을 잃는 재앙이 전쟁보다 심하여, 백만의 목숨이 거의 모두 구렁텅이에 빠지게 되었으니 실로 수백 년 이래에 없었던 재난이었다. 대개 쌓아서 저축하는 것이 천하의 대명이거늘 국가가 평소에 비축한 것이 없이 갑자기 홍수와 가뭄을 만나 이 백성들이 굶어 죽는데도 구제하지 못하였으니, 아, 비통한 일이다."

《조선왕조실록》 현종 11년(1670년) 10월 15일

가 속절없이 무너지는, 거대한 충격으로 다가왔을 것이다. 실록에 남은 절절한 문구는 당대 지식인들이 맛본 공포감이 어느 수준이 었는지 짐작하게 해 준다.

## 농경지만큼 줄어드는 식량

그래도 17세기에 우리 선조들이 겪은 파국은 14세기의 유럽인 이 겪었던 것에 비하면 덜 심각한 편이었다. 물론 경신대기근은 실

록의 기록만으로도 '현세의 지옥'이라는 표현이 이상하게 느껴지지 않을 정도로 절망적인 사건이었지만, 유럽의 14세기는 흑사병[4]으로 유럽이 최악의 고난을 겪던 시기이다. 흑사병은 유럽 중세의 절정기에 갑자기 찾아와서 중세의 사회 체제를 끝장낼 만큼 엄청난 파괴력을 냈다.

그러나 흑사병이 유행하기 반세기쯤 전에, 이미 중세 유럽의 번영이 시들어 가면서 불길한 조짐은 보이고 있었다. 바로 식량과 인구 문제에서 비롯된, 완만한 쇠락이었다. 그리고 이러한 쇠락은 이전 세대의 번영이 가져온 역설적인 결과였다.

10세기를 전후한 약 200여 년 동안 중세 유럽은 순탄하게 발전해 왔다. 사회적으로는 카롤링거 왕조(Carolingian dynasty) 치하에서 문화가 크게 발전하고, 수도사들은 그리스와 로마의 고전을 재발굴했다. 정치적으로는 카스티야(Castilla)의 기독교도들이 레콩키스타(Reconquista)[5] 를 통하여 이베리아 반도의 무어(Moor) 왕국[6] 을 몰아내면서 서유럽 전체가 기독교로 통합됐다. 서유럽에서는 종교적

---

4   페스트균이 일으키는 급성 전염병. 오한, 고열, 두통에 이어 권태, 현기증이 일어나며 의식이 흐려지게 되어 죽는다. 죽은 시체에 검은 반점과 고름이 남기 때문에 '흑사병(黑死病)'이라는 이름이 붙었다.

5   718년부터 1492년까지, 약 7세기 반에 걸쳐 이베리아 반도 북부의 로마 가톨릭 왕국들이 이베리아 반도 남부의 이슬람 국가를 축출하고 이베리아 반도를 회복하는 일련의 과정.

6   북부 아프리카에서 건너온 아랍인들이 세운 왕국.

카롤링거 왕조 프랑스에서 교회의 제단을 장식한 것으로 추정되는 조각판.
상아에 새긴 화려한 양식이 돋보인다. 카롤링거 르네상스를 지나면서 유럽
은 소위 '암흑기'에서 빠져나와 번영을 구가했다. ⓒ Icona Immagine di dio

파울 퓌르스트(Paul Furst), '흑사병 의사 시나
벨 (Doktor Schnabel von Rom)' 판화(1656년
작). 흑사병을 치료하던 의사들은 새의 부리
를 연상시키는 마스크를 쓰고 다녔다. 흑사병
의사가 흑사병 환자의 집을 방문하면 환자는
죽음을 맞이한다는 속설이 퍼졌다. 흑사병 의
사는 새의 부리 가면을 쓰고 긴 검은 겉옷을
입고 검은 모자를 쓴 채 지팡이를 쥔 모습으
로 묘사되곤 하였다. 가죽 옷과 가면으로 외
부를 최대한 차단하고 부리처럼 길고 뾰족한
통에 방향제를 넣었다. 이 마스크는 방독면의
원조가 되었다.

니콜라 푸생(Nicolas Poussin), '아슈
도드의 흑사병(흑사병에 걸린 펠리
시테 사람들)' 캔버스에 유채, 파리
루브르 박물관 소장(1631년 작)

인 동질성을 바탕으로 수도회가 주도하여 교역이 활발해졌다. 마치 유럽 전체가 서로마 멸망 이후 오랜 침묵을 깨고 갑자기 깨어난 것처럼 보일 정도였다.

경제적으로도 큰 발전이 있었다. 정치적으로 안정되고 교역이 활발해지자 유럽인들은 앞다투어 산과 숲을 농지로 개간했으며, 그 결과 식량 생산량이 크게 늘어났다. 전쟁과 기근을 걱정할 일이 없어지면서 인구와 세금 수입이 자연스럽게 증가했다. 이렇게 늘어난 부는 사회 곳곳으로 확산돼 중세 유럽을 풍요롭게 바꿔놓았다.

이러한 변화의 주역은 수도사들이었다. 잠시 화제를 바꾸어 술 이야기부터 해 보자. 벨기에를 중심으로 한 수도원 맥주(Trappist Beer)는 독특한 풍미로 큰 인기를 끈다. 현대적인 라거 맥주의 원형인 필스너(Pilsner)도 체코의 수도원에서 탄생했다. 유럽에서 전통이 있다고 일컬어지는 술은 상당수가 수도원에 기원을 둔다. 뭔가 이상하지 않은가? 정결과 금욕을 신조로 삼는다는 수도승들이 왜 술을 만들고 있었을까?

수도원이 양조장을 겸하게 된 배경에는 농업의 발전이 있었다. 서로마제국 말기부터 초기 중세까지 서유럽의 농업 생산량은 보잘 것 없는 수준이었다. 고대 로마제국의 농업은 노예의 노동력으로 유지됐다. 귀족 대지주가 거대한 농지를 소유하고 이를 많은 수의 노예가 경작하는 시스템이었다. 그러나 제국의 질서가 무너지고 이민족의 침입이 이어지면서 농장은 황폐해지고 노예들

체코 프라하의 한 수도원에 있는 양조장. 중세 시대의 수도원은 부와 지식의 중심지이자 음주 문화의 중심지이기도 했다. 술은 곡식을 가장 비효율적으로 사용하는 방법이었다. ⓒtripadvisor.co.uk

은 뿔뿔이 흩어졌다. 이렇게 농장이 무너지자 로마의 농업은 후대에 전수할 기술도 변변히 남기지 못한 채 사라져 버리고 말았다. 수많은 노예가 일하던 대규모 농장을 국경 밖에서 유입된 이민족들이 차지하여 다시 농사를 짓기 시작했지만, 농업 기술도 단절되고 일하는 사람마저 줄어든 농장에서는 수확량도 적었다.

그런데 7세기부터 10세기에 이르는 기간 동안 농업기술이 재발굴되고 인구가 증가하면서 농장에 활기가 돌아왔다. 중세 유럽인들은 로마인들이 조성한 농경지를 다시 가꾸는 데 그치지 않고 늘어난 인구에 맞추어 새로운 농지를 개간했다. 그리고 이 중심에 바로 수도원이 있었다.

서유럽에서 중세의 수도원은 종교 기관이면서 교육 기관, 연구 기관의 역할을 겸하고 있었다. 한편으로는 지역 사회의 중심지 역할을 하기도 했다. 교회와 수도원이 행정 기구이자 대학의 역할을 겸했던 셈이다.

종교가 사회의 중심을 차지했기에, 청빈을 극도로 강조한 일부 수도회를 제외하고는 대부분의 수도원에서 거대한 농지를 거느리는 경우가 많았다. 이러한 농지는 사업체처럼 운영되었다. 종교가 사회에서 중요한 위치를 차지하는 곳에서는 흔히 볼 수 있는 모습이다. 우리나라에서도 고려 시대의 사찰이 넓은 농경지를 바탕으로 막대한 부를 축적하기도 했었다는 점을 생각해 보자.

자연히 지역 사회의 부는 수도원에 집중되었다. 수도원에서는 자체적으로 과수원과 농경지를 운영했을 뿐 아니라 농민에게 토지를 빌려주고 소작비를 받거나, 지역에 따라서는 제분소(製粉所)[7]를 독점하고 시설 사용료를 받기도 했다. 수도원이 당대 지식의 중심지였다는 점을 생각해 볼 때, 수도원의 농업 기술 수준 또한 높았을 것이다. 수도원의 곳간에는 곡식과 과일이 계속해서 쌓였을 것이다. 그런데 쌓인 곡식과 과일은 오랜 기간 보관하는 데 어려움

---

7    곡식이나 약재 따위를 가루로 만드는 일을 전문으로 하는 곳.

이 따랐다. 수도사들은 궁리 끝에 해결 방법을 찾아냈는데, 그것은 술이었다.

술은 영양학적인 측면에서 보면 비효율적이기 짝이 없는 음식이다. 원재료인 곡식이나 과일의 양에 비해 만들어지는 술의 양은 턱없이 적은 데다가 술을 마신다고 허기가 쉽게 달래지지도 않는다. 식수를 구하기 어려운 곳에서는 술이 물을 대신했기에 나름의 필요성이 분명 있기는 했지만, 양조 과정에서 원재료가 갖고 있던 영양분의 상당량이 손실된다는 것은 음식으로서 큰 단점이다. 뒤집어 말하면, 먹을 것이 어지간히 남아돌지 않고서는 술을 만들 여유가 없다는 뜻이다. 즉, 수도원에서 술을 많이 만들었다는 것은 수도원에 많은 양의 잉여 식량이 있었다는 반증이다.

술은 당시만 해도 사치품인 데다가 부가가치도 꽤 높았기 때문에 인기 있는 교역품이었다. 게다가 원재료인 곡식이나 과일에 비해 차지하는 부피도 적었고 운반도 수월했다. 수도원과 규모가 있는 농장주 사이에서는 술을 생산해서 판매하는 일이 유행처럼 번져 나갔다.

양조 산업은 곡식과 과일을 블랙홀처럼 빨아들였다. 술을 담글 때는 많은 양의 식량이 필요하다. 현재 유통되는 와인 한 병을 만들려면 평균 1.3kg 가량의 포도가 필요하다. 포도나무 한 그루에서 얻는 와인은 3~4병에 불과하다. 안동소주 한 잔인 50ml를 만들려면 쌀 70g 정도가 필요하다. 전통소주 한 잔이 밥 한 그릇인 셈이다. 술을 교역품으로 삼을 만큼 많이 만들려면 엄청난 양의 곡식과 과일이 필요했다. 이에 따라 농장은 점점 집약적으로 운영됐다. 산과 들이 농장으로 개간되는 속도도 점점 빨라졌고, 여기에서 생산된 농작물을 바탕으로 수도원과 지역의 부는 점점 커졌다. 주류 교역이 활발해지면서 지역 간의 교류와 상업, 무역 또한 촉진됐다.

그러나 이러한 번영은 그리 오래가지 못했다. 당시의 농민들은 산림을 개간할 줄은 알았지만 개간을 통하여 얻은 농경지를 유지하는 기술과 노하우가 부족했다. 나무를 베어 내고 만든 농경지는 화전(火田)처럼 금세 지력을 상실했다. 매년 나뭇잎을 뿌리고 다양한 생물에게 보금자리를 제공해서 땅을 비옥하게 해 주는 숲이 사라졌기 때문이다.

더 나쁜 점은 당시 서유럽 사람들이 농지를 잘 보존하고 가꿀 필요성을 그다지 느끼지 못했다는 점이다. 중세 서유럽에는 빈 땅이 너무나도 많았다. 자연히 지력을 상실한 개간지는 버려졌고 새로운 산림이 다시 개간됐다.

그러나 이런 식으로 새로운 농경지를 계속 개간하는 방식은 한계에 부딪히기 마련이다. 우선 삼림이 사라지면서 당시 중요한 자재였던 목재 공급이 줄어들었다. 다른 한편으로는 농경지가 늘어났음에도 식량 공급은 오히려 불안정해졌다. 대부분의 새로운 농경지가 술을 만들 고부가가치성 작물을 재배하는 데 사용됐다. 농지를 개간하고, 작물을 결정하고, 상품을 내다 파는 일 등의 결정 또한 소작인이나 농노가 아니라 지주의 몫이었다. 지주에게는

작자 미상의 프레스코화 '죽음의 승리', 이탈리아 시칠리아
팔레르모, 아바텔리스 궁 주립미술관 (1450년경).
14세기의 대기근과 흑사병 이후 유럽인들은 한동안 무력감
에 시달려야만 했다. 삶은 덧없고 죽음은 늘 승리한다는 것
이 당시의 지배적인 감성 중 하나였다. 이러한 무력감은 죽
음을 앞에 두고 사람은 겸손해야 한다는 교훈으로 변주되
기도 했지만, 당시의 유럽인들이 종말에 가까이 왔다고 생
각했다는 점은 분명하다.

밀처럼 초라한 일상식보다는 포도같은 환금성 높은 작물 등이 훨씬 매력적이었다.

목재와 식량 공급이 조금씩 삐걱거리기 시작했다. 이에 따라 물가도 오르기 시작했다. 목재와 식량 가격은 처음에는 서서히 올랐다. 그러나 번영기 동안 인구가 빠르게 늘어나자 목재와 식량 공급은 곧 부족해졌다. 당시의 기록을 보면 식량 공급은 수요를 간신히 충족시키는 수준에 그치는 정도였다. 이런 상황에서는 식량 생산량이 단 10%만 줄어들어도 기근이 일어날 수 있었다.

위태로운 균형 상태는 14세기에 깨지고 말았다. 1314년 여름, 폭풍으로 상당량의 농사를 망친 데 이어 1315년 홍수를 겪고 나자 식량 가격이 폭발적으로 오른 것이다. 영국에서는 밀 가격이 전년도에 비해 여덟 배나 뛰었을 정도였다. 식량 수급의 불균형은 좀처럼 회복되기 어려워서, 1316년에는 유럽 인구의 약 10%가 굶어 죽기 직전까지 이르렀다.

당시의 기록을 살펴보면 경신 대기근보다 훨씬 심했다는 말이 실감된다. 당대의 연대기에서는 '무덤에서 파낸 시체를 식탁에 올렸다'라는 기록이 나타나며, 음식 쓰레기부터 썩어 가는 시체까지 닥치는 대로 먹었던 사람들은 이질과 같은 질병에 시달리다가 죽어갔다. 벨기에의 이프르(Ypres)에서는 불과 5개월 만에 전체 인구의 10%가 넘는 사람의 장례식을 치뤘을 정도였다. 일부 학자들은 유럽에 극심한 기근이 닥쳤기에 이후 찾아온 흑사병이 막강한 위력을 발휘했다고 주장하기도 한다.

기근으로 시작된 중세의 황혼은 흑사병으로 절정을 이루어 마침내 한 시대의 사회 체제에 종말을 고했다. 파국은 단번에 찾아왔다. 기근과 흑사병의 가장 큰 피해자는 생산을 책임진 가난한 노동인구였다. 중세 장원의 일손을 담당하던 이들이 단시간에 죽어나가자 중세 경제의 핵심을 이루던 장원은 일할 사람 없이 버려진 농장이 되고 말았다. 식량생산은 크게 줄었고 환금성 작물에 눈독을 들이던 부유층도 식량을 구하지 못해 굶기 일수였다. 당장 먹고 살 식량이 부족한 상황에서 사람들이 술 따위에 관심을 갖지 않게 되자 수도원의 돈벌이도 끝났다. 중세를 지탱해 온 두 가지 권력, 장원경제에 기반을 둔 봉건제도로 유지된 세속의 권력과 막대한 토지와 부를 끌어 모아 세속 권력을 압도한 종교 권력이 빠르게 붕괴했다.

영주들은 인력을 확보하지 못해 가신의 의무를 다할 수 없었다. 스스로 부를 축적하기 더 이상 곤란해진 교회에서는 세속의 권력에 의존해야만 했다. 이렇게 장원과 종교가 제 역할을 못 하게 되자, 비어 버린 권력의 빈자리는 상인과 은행가들, 그리고 이들이 후원하는 왕과 제후, 귀족들이 채우고 들어왔다. 절정기에 이르렀던 중세의 숨통을 끊고 르네상스에 길을 열어 준 일련의 사건들은 아이러니하게도 '농업의 번영'으로부터 시작된 셈이다.

# 식량 위기의 두 가지 원인

300년이라는 시간의 격차는 있지만 유럽과 조선에서 일어난 사건은 여러모로 닮은 점이 많다. 모두 극심한 기근에 이어 사회 구조가 해체된 결과 사회 시스템이 크게 바뀌었다. 그러나 그 과정을 자세히 들여다보면 두 사건은 큰 차이가 있다. 마치 홍수와 가뭄이 모두 흉작의 원인이지만 그 메커니즘은 다르듯, 유럽과 조선의 사례는 식량 위기에 빠지는 두 가지 경로를 보여 준다.

겉모습이나 결과가 비슷해 보이는 두 사건에 어떤 차이가 있다는 것일까? 역사학자들은 경신 대기근의 주요 원인이 17세기의 전 세계적 위기를 불러온 소빙하기의 도래일 수도 있다고 생각한다. 논란의 여지가 있기는 하지만 17세기 동안 지구의 평균 기온은 20세기 초에 비해 약 1℃ 정도 낮았던 것으로 추정된다. 소빙하기에 의한 '17세기 위기론'은 당대의 근대적 기상 기록을 참고한 역사학자들이 제시한 가설이었지만 빙하 퇴적층에 갇힌 대기 분석, 나이테 측정과 같은 과학적 방법론을 거쳐 사실일 가능성이 높다고 판명됐다.

실제로 당시 유럽에서는 포도 수확일이 늦어졌고 알프스 산맥의 빙하가 확대됐다는 기록이 보인다. 중국에서도 강남의 감귤 농장이 한파로 해를 입었다는 기록을 남겼다. 에티오피아에서는 일부 지역의 눈이 1년 내내 녹지 않는 일까지도 있었다. 이는 경신 대기근을 전후한 시기의 실록에 남은 기록과 크게 다르지 않다. 말하자면 경신 대기근은 전근대 사회의 시스템과 기술로는 어찌할 수 없는, '지구의 평균 기온 변화'라는 자연재해에 따른 기근이었던 셈이다.

그러나 중세 말 유럽에서 일어난 사건은 과도한 농경에 따른 지력의 쇠퇴, 즉 인간이 만든 경제시스템의 결함이 더 중요한 원인이었다. 유럽의 평균기온은 서로마의 황혼기에 하락해서 지속적인 흉년과 사회적인 혼란을 몰고 왔지만, 고중세인 8세기 카롤링거 왕조 시대부터 중세의 절정기인 10세기까지 제법 높은 기온이 유지됐다. 이에 힘입어 서유럽의 농업 생산성은 지속적으로 향상됐고 농경지도 확대됐다. 10세기를 전후하여 수도원의 산림 개간 사업이 활기를 띤 이유도 따뜻해진 기후 덕분에 느슨하게 관리하는 농경지만으로도 충분한 식량을 얻을 수 있었기 때문이었다.

그러나 좋은 조건과 맞아떨어져 나타난 호경기가 중세 유럽인들에게는 오히려 독이 되고 말았다. 유럽인들은 '언제나 지금처럼' 농사지을 땅이 있고, 작물은 잘 자랄 것이라고 생각해서 농경지를 계속 경작할 수 있는 상태로 유지하는 데에는 주의를 크게 기울이지 않았다. 풍족하다고 생각했던 농경지와 식량이 중세 말의 이상기후에 의해 깨지자마자 급격한 변화에 대해 별다른 대비가 없던 사회에 파국이 찾아왔다.

앞서 살펴본 두 가지 사례는 인류가 식량 위기에 빠지는 두 가지 경로를 보여준다. 하나는 지구 차원의 거시적인 기후 변화로 일어나는 식량 문제이다. 기후 변화와 같은 전 지구적인 수준의 문제를 완전히 막거나 피하기란 불가능하다. 이러한 문제는 변화된 환경에 인류의 농업기술이 얼마나 적응할 수 있느냐가 해결의 관건이다. 다행히도 인류의 지식이 축적되고 기술이 발전하면서 이러한 종류의 위기에 대응하는 능력은 점점 향상되어 왔다.

두 번째는 인류가 구축한 사회 시스템에 의해 일어나는 위기이다. 경제나 산업, 사회 시스템의 한계로 일어나는 기근 사태는 지구 환경의 변화와 같이 결코 피할 수 없는 재앙은 아니다. 이러한 위기는 사람들의 선택에 따라 얼마든지 예방할 수 있다. 그러나 막상 그 상황에 맞닥뜨리는 사람들은 수렁에 빠져들듯이 자신도 의식하지 못한 채 파국으로 치닫기에, 단기적인 파급효과는 기후변화에 비해 오히려 더 치명적일 수 있다.

이 두 가지 위기는 늘 인류 사회를 늘 위협해 왔고, 인류는 지금도 위태로운 상황에서 벗어나지 못하고 있다. 지금부터는 인류가 두 가지 위기를 어떻게 극복해 왔고, 지금은 어떤 위험이 도사리고 있는지 살펴볼 것이다.

지금 진행중인 기후변화는 지구 곳곳의 자연환경을 바꾸고 있다. 기후변화를 과학적으로 규명해 대책을 수립하는 국제기구인 '기후변화에 관한 정부간협의체(IPCC)'는 2021년 8월 9일 여섯 번째 보고서를 발표했다. 전 세계의 기후 과학자 200여 명이 밤낮으로 몰두해 정리한 이 보고서에는 인류의 미래에 대해 음울한 전망이 담겼다. 이에 따르면 인간의 활동으로 기후변화가 급격히 일어난다는 사실은 자명하며(unequivocal), 지구의 평균기온이 산업혁명 이전 대비 1.5℃ 상승하는 시점도 당초 전망보다 10년 이상 빨라졌다. 각국이 탄소배출량을 줄이는 조치를 당장 적극적으로 취하지 않으면 평균기온이 산업혁명 대비 2℃ 이상 상승할 가능성이 매우 높다. 평균기온이 2℃ 상승하면 1.5℃ 상승할 때에 비해 기후변화가 최소 2배 심각해질 것으로 예상된다.

징후는 이미 나타나고 있다. 북아메리카와 유럽은 계절마다 극심한 폭염과 한파를 오가고 있고, 시베리아는 30도를 넘나드는 이상고온을 보이며 동아시아의 여름철 날씨 패턴을 바꿔 버렸다. 북극의 빙상 면적도 매년 최소치를 갱신하고 있어서, IPCC 보고서에 따르면 10년 새 그린란드 빙상 유실속도는 6배 이상 빨라지고 해수면도 15m나 오를 가능성이 있다고 한다. 이미 지구 곳곳은 폭염과 가뭄, 폭우로 인한 홍수, 대형 태풍 등 기상변화로 인한 재해에 시달리고 있다.

물론 이러한 문제는 시간이 지나면 해결될 수도 있다. 기후가 지구의 과거 어느 때보다 빠르게 변하지만 과학기술도 전에 없이 빠르게 발전하고 있다. 이러한 기술은 농업과 식량에도 적용되어 다양한 환경에 적합한 신품종 개발 기간이 과거에 비해 크게 짧아졌다. 인류 전체가 기후변화에 큰 경각심을 지니기 시작한 만큼, 최악의 경우라도 기후변화가 3℃ 이내에서 진정되고 세계가 조금씩 안정을 찾아갈 수도 있다. 지금까지 늘 그러했듯 인류가 기후변화로 인한 식량위기를 큰 피해 없이 극복하는 것이 불가능한 일은 아닐 것이다.

어쩌면 진정한 문제는 다른 곳에 있는지도 모른다. 위에서 언급한 것처럼 '새로운 환경'에 유연하게 대처할 수 있는 곳은 많지 않다. 충분한 기술력을 확보했거나 체계적인 행정력과 충분한 인력을 갖춘 국가는 기후변화의 충격을 최소화할 수 있을 것이다. 그러나 자연환경에 크게 의존하는 곳, 현대적인 경제시스템이 도입되지 않은 토착사회는 다르다. 이들은 기후변화로 가장 먼저 피해를 입는다. 자연으로부터 식량을 얻어 온 지역의 원주민과 부족들은 한때 지구상에서 가장 재생가능한 식량체계를 지닌 것으로 평가받았다. 자연 환경을 최대한 활용하되, 자원을 소진하지 않고 재생가능한 수준에서만 이용하기 때문이다. 그러나 자연환경을 완전히 뒤바꿔 놓는 기후변화는 역설적으로 가장 재생가능한 식량체계를 가장 먼저 무너뜨린다.

이미 많은 지역이 위기에 빠졌다. 핀란드의 토착민인 사미(Sami)족은 기온 상승으로 주식인 순록이 크게 줄어들었다. 폴리네시아인들의 식생활을 지탱하던 수산자원은 수온이 오르면서 산호초가 파괴돼 점점 얻기 어려워졌다. 서아프리카의 사헬 지역은 해를 거듭할수록 가뭄이 심해져서 국가적인 위기상황까지 초래하고 있다.

지역의 농업이 위기에 빠질수록 소수의 대규모 곡창지대에 대한 의존은 심해질 것이다. 지금도 북미의 대평원, 러시아의 흑토지대, 프랑스와 광활한 평야, 만주 지역의 평원에서 생산된 밀과 옥수수, 콩은 전 세계로 수출되어 식생활의 근간을 이룬다. 이처럼 식량 수급에서 자체적인 생산보다 유통에 의존하는 비율이 높아지면, 사람들의 수요보다 유통에 따른 이익이 식량의 이동을 결정할 가능성이 커진다. 서아프리카에서는 사람들이 굶어 죽어가는데 미국의 곡물창고에서는 유통비용을 부담하기 어려워 곡물을 폐기하는 상황이 대표적인 사례다. 멀리 갈 것도 없이 특정 작물의 가격이 폭락해서 기껏 재배한 작물을 몽땅 갈아엎고 폐기하는 일은 국내에서도 어렵지 않게 접할 수 있다.

문제는 여기에 그치지 않는다. 특정 지역에 식량 생산이 집중될수록 세계의 식량 수급은 기후변화와 같은 변수에 취약해진다. 소수의 식량수출국에 대한 식량 의존도가 지나치게 높아지면 수출국에서 발생한 지역적인 문제가 전 세계의 식량수급을 뒤흔들 수 있다. 기후변화로 지구 전체가 농경이 곤란한 환경이 되는 일은 가능성이 거의 없지만, 일부 곡창지대의 기후변화로 식량생산량이 요동쳐서 글로벌 식량유통이 무너지는 것은 충분히 가능성 있는 시나리오다. 중세 유럽 사회를 붕괴시킨 농업 위기도 유럽 농업 전반의 문제라기보다 수도원과 화전에 집중된 특정한 형태의 농업시스템의 문제였다.

그렇다면 우리는 식량의 위기를 어떻게 헤쳐 나가야 할까? 앞부분에서 살짝 살펴봤듯, 인류는 늘 식량의 위기를 겪고, 극복하며 발전해 왔다. 지금의 식량 위기도 과거에 늘 있어 왔던 위기의 또 다른 형태일 가능성이 크다. 따라서 지금의 식량위기에 대한 해답을 얻으려면 시선을 과거로 돌려 봐야 한다.

1부에서는 인류의 삶에 식량이 얼마나 중요했는지, 역사적인 사례를 통해 살펴보았다. 현대 한국 사회에 사는 우리는 굶을 걱정을 할 일이 거의 없다. 어디서나 먹을 것을 쉽게 찾을 수 있고 돈이 없더라도 최소한 굶지 않을 만큼의 사회적 안전망은 있다. 그런데도 왜 우리는 지금 식량을 고민해야 할까? 역사적인 사례를 통해 오늘날의 현실과 비교하면서 생각해 보자.

### ○전쟁보다 더 무서운 기근

우리 역사의 가장 큰 식량 재난 중 하나인 경신대기근의 이야기를 통해 식량이 없는 세계가 얼마나 절박한지 알아보았다. 어떤 이유로든 기근이 닥치면 아무리 정부와 사람들이 노력하더라도 파국을 피할 수 없다. 먼 곳의 이야기가 아니라 바로 우리 선조들이 겪은 일이다. 우리 사회에 식량이 없다면 무엇을 할 수 있는지, 어떤 일이 일어날지 생각해 보자.

### ○농경지만큼 줄어드는 식량

지구를 반 바퀴 돌아 유럽에서 일어난 일을 되짚어 보았다. 중세 말 유럽에서 술이 중요한 상품으로 부상한 과정을 통해 우리 사회에서는 식량이 얼마나 쉽게 낭비되는지 실제 사례들을 살펴보고 토론해보자.
또한 풍요롭던 중세 말 유럽이 어떻게 갑작스레 무너졌는지 설명했다. 중세 말 유럽의 기근은 단지 날씨나 기후 때문만은 아니었다. 술 생산이 늘어나면서 정작 필수적인 작물 농사에는 어떤 영향을 주었는지, 그리고 그러한 변화가 사람들의 식생활에는 어떤 피해를 입혔는지 토의해보자.

### ○식량 위기의 두 가지 원인

앞에서 살펴본 경신대기근과 유럽의 사례를 통해 식량 위기의 두 가지 원인을 소개했다. 각각의 원인이 어떤 과정을 통해 기근을 초래하는지 생각해보자. 그리고 이를 바탕으로 현대의 우리 사회에서는 어떤 위험이 있을지 토론해보자.

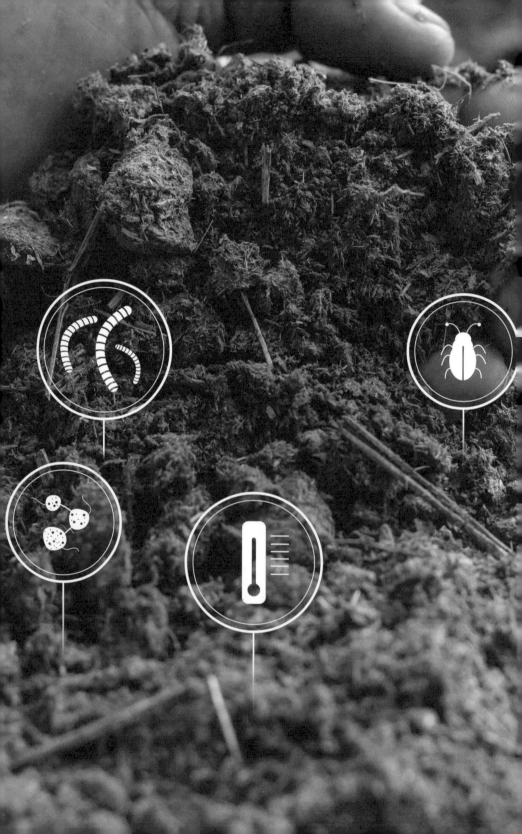

2부

# 굶지 않고
# 살아가는 방법

# 바이킹족이 터전을 옮긴 이유

북아메리카를 찾은 최초의 유럽인은 누구일까? 대부분 크리스토퍼 콜럼버스Christopher Columbus를 언급할 것이다.

그러나 콜럼버스보다도 500여 년이나 앞서 북아메리카를 찾은 유럽인들이 있었다. 이들은 북아메리카에 잠시 머무르고 교역소를 세운 수준이 아니라, 영구적인 정착지를 만들고 현지 원주민들과 경쟁하면서 유럽 본토와 교역까지 했다. 바로 북유럽 스칸디나비아의 억센 사람들, 바이킹이었다.

아이슬란드 출신의 바이킹 레이프 에릭손Leiv Eiriksson은 985년에 비야르니 헤르욜프손Bjarni Herjólfsson이 그린란드(Greenland)를 향해 항해하던 중 발견했다는 마크란드(Markland)[1] 와 헬룰란드(Helluland)[2]의 소문을 들었다, 그리고 1000년경 35명의 동료들과 함께 항해선을 타고 비야르니가 항해했던 항로를 따라 헬룰란드와 마크란드

---

1  '나무가 많은 땅'이라는 의미로, 오늘날의 래브라도(Labrador) 반도.
2  '평평한 바위땅'이라는 의미로, 오늘날 캐나다의 배핀(Baffin) 섬.

레이프 에릭손의 북아메리카 대륙 발견을 묘사한 한스 달Hans Dahl의 회화 작품 레이프 에릭손은 콜럼버스에 앞서 북미 대륙을 밟은, 최초의 유럽인이다.

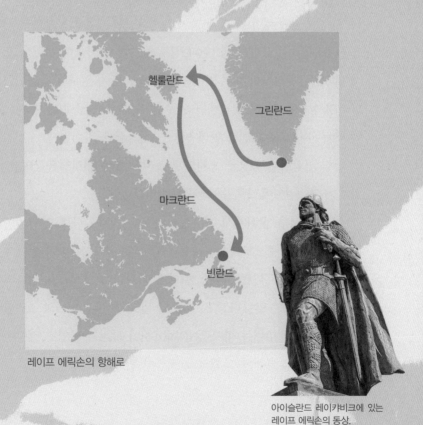

헬룰란드

그린란드

마크란드

빈란드

레이프 에릭손의 항해로

아이슬란드 레이캬비크에 있는 레이프 에릭손의 동상.
©www.lifeinnorway.net

를 지나 이틀을 더 항해한 뒤 도달한 목초지에 빈란드(Vinland)라는 이름을 붙였다. 이들이 상륙한 곳은 오늘날 캐나다의 뉴펀들랜드(Newfoundland)로 추정된다.

레이프가 드넓은 대서양을 건넌 데에는 이유가 있었다. 중세 동안 기후가 따뜻했기 때문에 북유럽에 속한 아이슬란드와 스칸디나비아에서도 농경이 성행했다. 일반적인 선입견과는 달리, 바이킹의 경제활동의 구심점은 약탈이 아니라 농경이었다. 바이킹의 거주지역이 지구 평균기온 변화에 워낙 민감한 척박한 땅이다 보니 농업생산력이 부족해서 약탈과 원정의 빈도가 높았던 것 뿐이다. 당연히 바이킹은 중세 온난기 동안 어렵지 않게 농경으로 사회를 유지할 수 있었고, 그 결과 인구가 크게 늘어났다. 그러나 중세 말 기온이 서서히 내려가고 늘어난 인구 증가 압력이 심화되자 바이킹의 땅은 더 이상 늘어난 인구를 부양할 수 없게 됐다. 자연히 이들은 새로운 터전을 찾아 나서기 시작했다. 바이킹 중 모험심이 강한 사람들은 새로운 농지와 목초지를 찾아 대서양을 건넜고, 일부는 그린란드에, 일부는 캐나다에 정착했다.

인구가 너무 많아져서 살 곳을 찾아 뛰쳐나왔다는 사람들이 하필이면 추운 곳으로 향했다는 사실이 의아할 수도 있을 것이다. 바이킹의 결정을 이해하려면 중세 말 캐나다 동부와 그린란드의 기후가 지금과는 달랐다는 사실을 알 필요가 있다. 당시의 그린란드와 캐나다 동부에는 적지 않은 목초지가 펼쳐져 있었고 강수량도 부족하지 않아 목축과 농경에 적합한 편이었다.

새 땅에 뿌리를 내리기 시작한 바이킹이었지만 정착 생활은 오래 가지 않았다. 가장 큰 이유는 원주민과의 갈등이었다. 본토와 거리가 먼 뉴펀들랜드의 입지는 바이킹에게 특히 가혹했다. 본토와 연락이 힘든 개척지에서 바이킹은 현지의 자연으로부터 필요한 모든 것을 얻어야만 했다. 게다가 뉴펀들랜드는 빈 땅도 아니었다. 바이킹이 새로운 땅에 뿌리내리려면 원주민과 끊임없는 갈등에 시달려야 했다. 당시 바이킹과 원주민의 갈등은 뉴펀들랜드의 바이킹 정착민들이 경멸의 의미를 담아 원주민을 '스크렐링기(skræ lingi, 빨간 사람)'라는 이름으로 기록한 데서도 엿볼 수 있다.

　　그린란드는 사정이 조금 더 나았다. 그린란드는 뉴펀들랜드보다 본국과 왕래하기 쉽고 섬이라는 지형적 특성 때문에 외부 인구

그린란드 남단에 남아 있는 노르만인의 유적인 흐발쇠(Hvalsø) 교회. 한때 바이킹들이 양을 방목하던 흔적이다. 중세의 북유럽인에게 그린란드는 그리 살기 나쁜 곳은 아니었다.

가 유입되기 어려운 지역이다. 당연히 그린란드의 바이킹 정착민들은 뉴펀들랜드에 정착한 사람들보다 어려움이 더했다.

바이킹 정착촌은 그린란드에서 무려 450여 년이나 지속되면서 제법 탄탄한 경제 체제를 구축했다. 오늘날에는 상상하기 어려운 일이지만, 정착 초기의 그린란드는 노르웨이인에게 이상적인 식민지로 보였다. 섬 남쪽 끝자락의 작은 땅에 한정되기는 했지만, 사람의 손이 아직 닿지 않은 나무와 초지가 펼쳐져 있어 목축에 적합했고, 기후도 생각보다 온화하여 건초 생산에도 문제가 없었기 때문이다. 아이슬란드를 경유하면 유럽과 연결하기도 어렵지 않았고, 이를 바탕으로 바다코끼리의 상아를 수출하여 많은 이윤을 남기기도 했다.

그런데 정착지의 규모가 커져 버린 상황에서 기후가 변화하기 시작하자 이러한 조건은 오히려 독이 되고 말았다. 기온이 낮아지면서 바다는 얼어붙었고 유럽에서 인기를 얻었던 바다코끼리 상아 제품이 제대로 거래되지 못했다. 13세기 유럽을 휩쓸었던 흑사병은 노르웨이 본토에도 예외는 아니었다. 본국 인구의 절반 가량이 목숨을 잃자 사치품인 바다코끼리 상아의 수요가 크게 줄어들었다. 게다가 1400년대에 들어서면서 유럽에서 상아 조각은 철 지난 유행이 되고 말았다. 무역을 통한 수입이 끊긴 셈이다.

이와 함께 초지와 삼림도 기후 변화를 이기지 못하고 줄어들기 시작하면서 정착민들의 주된 생계 수단인 목축도 어려워졌다. 그린란드의 온난한 기후가 지속되리라 생각했던 정착민들은 본토

## 그린란드(Greenland)

그린란드는 10세기 무렵 노르웨이 출신의 바이킹 에릭 토르발드손Erik Thorvaldsson에 의해 유럽에 알려졌다. 살인죄를 저질러 아이슬란드에서 추방된 그는 985년 추종자 700여 명을 이끌고 이곳으로 이주하여 '푸른 땅'이란 의미의 이름을 붙였다. 당시의 그린란드는 꽤 따뜻하였고 소와 양을 키우며 살 수 있을 정도의 풀밭도 있었다. 넓은 녹지가 우거져 동물들을 충분히 먹일 수 있었던 것이다. 이를 통하여 그린란드라는 이름의 기원을 알 수 있다. 그린란드에 정착한 바이킹들은 필요한 목재를 구하기 위해서 종종 북아메리카 본토까지 찾아가야 했고, 그 과정에서 아메리카 원주민들과 충돌하기도 했다. 이런 과정을 통해서 바이킹들이 콜럼버스보다 수백 년 먼저 북아메리카에 도달했다고 알려진 것이다. 그러나 지구가 점점 추워지면서 1408년에 바이킹들은 자신들의 본고장인 스칸디나비아 반도로 철수한다. 소빙하기가 찾아와 그린란드가 얼음으로 뒤덮였기 때문이다.

흔히 북극에는 에스키모(Eskimo)들이 산다고 알려져 있다. 에스키모란 '날고기를 먹는 사람들'이라는 뜻의 인디언 말로 경멸적인 의미를 가지고 있어서 에스키모인들은 자신들을 '진짜 사람들'이라는 뜻을 가진 '이누이트(Inuit)'로 불러 주기를 원한다.

현재 그린란드에는 순수 혈통의 이누이트족은 거의 없다. 대다수가 유럽인, 덴마크 사람들과의 혼혈족으로 이루어져 있으며, 이들은 그린란드 사람들, 즉 '그린란더(Greenlander)'라는 신조어로 불리고 있다.

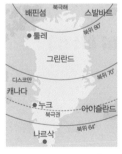

에서 해 왔듯 목재를 대량으로 사용하여 배를 건조하고, 우유를 끓이고, 용광로를 가동하였다. 그러나 그린란드의 삼림 생태계는 정착민들이 소비하는 목재를 감당하기에 너무 작고 연약했다. 그린란드에 한랭기가 도래하면서 숲과 초지는 재생되지 못하고 계속 소모되기만 했다. 숲과 초지의 손실은 곧 바이킹 경제의 근간인 농업의 붕괴를 뜻했다. 파국은 시간문제였다.

이후 그린란드의 정착지에서 일어난 사건은 식량 부족으로 소규모 문명 사회가 붕괴되는 과정을 고스란히 보여 준다. 그린란드 서쪽에서 발견된 15세기 초 정착지 유적에서는 야생 조류나 토끼는 물론, 식량보다는 소중한 자산에 가까운 송아지와 새끼 양의 뼈까지 발견됐다. 평소 같았으면 수지 타산이 맞지 않거나 주요 생계 수단이기에 손도 대지 않았을 식량들이었다. 정착민들은 자신이 살아남기 위해서 미래의 후손을 먹여 살릴 자산까지 모두 먹어 치워야만 했던 것이다.

## 식량 위기는 신의 노여움이 아니다

바이킹 정착촌이 소멸하는 과정에서 매우 흥미로운 사실을 발견할 수 있다. 바이킹이 세운 '식민지'가 하나 둘 사라지는 동안, 같

고래 뼈가 사용된 툴레인의 집터 유적. 1000여 년 전의 유적으로 추정된다. © Timkal/CC BY-SA 3.0

은 시기에 북극권에 살고 있던 툴레인(Thule people)[3] 의 영역은 오히려 넓어졌다는 것이다. 툴레인은 혹한지에서 살아남기 위해 땅보다 바다에 더 의존하는 생활양식을 발전시켰다. 툴레인은 농작물이나 가축이 아니라 야생동물을 사냥해서 식량을 얻었다.

그들은 작지만 튼튼한 카약(kayak)[4] 과 우미악(umiak)[5] 을 타고 노련한 솜씨로 고래를 사냥했으며, 고래와 바다표범의 기름을 이

---

3 오늘날 이누이트의 조상 민족.

4 에스키모가 사용하는 가죽 배. 대개 한 사람이 타도록 되어 있으며 여름에 바다에서 사냥을 할 때에 주로 쓴다. 그린란드에서 가장 발달되었는데 가벼워서 속도가 빠르고 중심이 낮아 높은 파도에도 잘 견딘다.

5 바다에서 포유류를 사냥하기 위하여 바다표범의 가죽으로 만든 가죽 배.

용해서 불을 얻었고, 목재와 못 대신 눈을 이용해 사냥 캠프를 차렸다. 이는 바이킹 정착민에게는 없는 자산이었다. 덕분에 툴레인은 평균기온이 낮아지더라도 생계 수단에 별다른 타격을 받지 않았다. 더 정확히 이야기하자면, 변덕스러운 혹한지에 적합한 생활양식을 발전시킨 툴레인에 비해, 고향에서의 생활양식을 그대로 들여 온 바이킹 정착민들이 기후변화에 더 취약했던 셈이다.

그린란드와 뉴펀들랜드 정착촌의 사례는 두 가지 중요한 교훈을 준다. 우선 '현재 우리가 겪는 기후'에 최적화된 식량 생산 방법이 언제나 최선이 아닐 수도 있다는 사실이다. 바이킹 정착민은 10세기의 온화한 그린란드에 적합한 경제 체제를 구축했다. 이들이 원래 찾아 나선 땅은 본토에서처럼 목축 생활을 하고 철기를 만들 수 있는 곳이었다. 그린란드의 남부 해안이 바이킹에게 이상적인 환경이었던 이유도, 고향과 비슷한 환경을 지녔기 때문이다.

그러나 기후가 변하자 바이킹의 생활 방식은 더 이상 통하지 않았다. 그 이유는 무엇일까? 농업은 결코 '공짜'가 아니다. 노동력과 자원을 투입해서 식량을 생산해 내는 경제 활동이 농업이다. 수렵에 비해 투입된 노동 대비 생산성은 좋지만 종자, 물, 비료와 같은 자원을 대량으로 소모한다. 즉, 산출하는 식량에 상응하는 자원 소모가 없다면 유지될 수 없는 방식이다. 따라서 농업에 필요한 자원을 확보하기 어려워지면 필요한 만큼의 식량을 생산하지 못한다.

농업의 이러한 속성은 두 번째 교훈으로 연결된다. 문명이 번영

번영하고 경제활동이 활발해질수록 자원을 소진하는 속도도 빨라져서 문명 자체가 한계에 이르거나 심지어는 쇠락할 수 있다는 것이다.

바이킹 정착민의 경제 활동은 조건이 맞는 상황에서는 높은 생산력을 보장해서 정착촌을 빠르게 성장시켰지만, 갑작스러운 기후 변화에 대처할 수 있을 만큼 유연하지 않았다. 이러한 과정은 앞서 살펴본 중세 말의 경제적 쇠퇴에서도 확인할 수 있다. 수도원에서 재배했던 환금 작물(換金作物)[6]은 수익성을 높여 사회의 부를 키웠지만, 그 대가로 사회 전체가 가뭄에 따른 식량 부족에 취약해진 셈이다.

툴레인이 살아남은 이유는 기후 변화로 증감하는 자원에 의존하지 않고 식량을 생산할 수 있었기 때문이다. 물론 툴레인이 기후 변화를 예측해서 농업을 자제하고 수렵 생활을 한 것은 아니다. 그들은 4~7세기의 한랭기에 북극권에서 살아간 사람들의 문화와 생활 양식을 계승했을 따름이다. 더 정확히 말하자면, 툴레인은 온난기 유럽의 문명사회에서 누렸던 농업 호황을 겪어 볼 기회조차 없었기에 수렵 생활을 유지해 왔지만, 그 때문에 도리어 그린란드의 기후 변화에서 살아남을 수 있었던 셈이다.

더위와 추위를 반복하는 지구의 기후와 문명의 성쇠가 비슷한 그래프를 그리는 이유도 여기에 있다. 그린란드의 노르웨이 정착지

---

6   시장에 내다 팔기 위하여 재배하는 농작물.

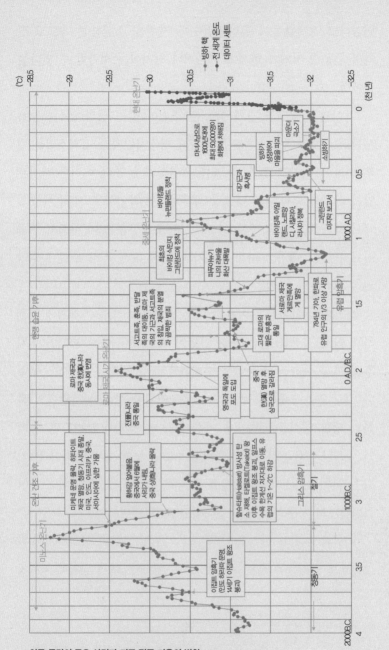

**인류 문명의 주요 사건과 지구 평균 기온의 변화.**
지구의 기온은 역사 이후로도 계속 변하면서 식량 사정에 큰 영향을 끼쳤다.

와 1부에서 언급한 17세기의 소빙하기, 14세기 말의 대기근은 식량 위기의 전형적인 사례이다. 이런 시기에는 거의 항상 농사를 망쳐서 극심한 기근이 찾아오곤 했다. 기후 변화는 예고 없이 등장하기에, 인간의 힘으로는 어쩌지 못하는 갑작스러운 재앙처럼 여겨지기 마련이다. 그 때문에 식량 위기가 '무분별한 인간에 대한 신의 징벌'처럼 받아들여지곤 하는 것이다.

그러나 식량 위기는 '자연이 가해자이고 인류가 피해자'인 일방적인 폭력의 현장이 결코 아니다. 차라리 거의 자연적인 법칙에 가까울 만큼 문명의 흥망에 따라 늘 일어났던 일이다. 기후 변화를 비롯하여 환경이 부양하기 어려운 수준으로 농업 구조가 바뀌고 인구가 늘어나면 식량 위기는 필연적으로 찾아왔다. 전쟁이나 정치적인 실책에서 비롯된 일부를 제외하면 역사에 드러난 대부분의 식량난은 번영을 누리는 가운데 인구가 증가하다가 갑자기 나타난다. 인류 문명이 20세기 이전까지는 거의 일정한 수준의 인구를 유지한 이유도 이처럼 번영의 절정기에 쇠락을 거듭했기 때문일 가능성이 높다. 중세 말 그린란드와 뉴펀들랜드에서 일어난 일은 소규모 정착촌에서 일어난 작은 사건이었지만, 이 일은 산업혁명기 영국에서 유럽 전체의 미래를 걱정할 만큼 큰 규모로 재현된다.

# 맬서스가 예언한 대기근

식량 수요를 공급이 따라가지 못하는 상황을 흔히 '식량은 산술급수적으로 증가하지만 인구는 기하급수적으로 증가한다.'라는 말로 표현하곤 한다. 19세기 영국의 경제학자이자 통계학자인 토머스 맬서스Thomas R. Malthus의 저서인 《인구론(人口論)》에 등장하는 표현이다. 맬서스는 농작물을 생산하는 토지는 한정되어 있는데 인구는 빠르게 늘어나기 때문에 인류는 곧 식량 부족에 맞닥뜨리기 마련이며, 이처럼 식량의 제약으로 인류 문명이 일정 수준 이상으로 성장하지 못하는 이유도 여기에 있다고 주장했다. 중세말 바이킹 정착민들이 겪었던 일과 비슷하다.

물론 오늘날 물질적으로 풍요로운 사회에 사는 우리들은 맬서스의 주장이 쓸데없는 걱정으로 여겨질 수 있다. 오늘날 우리 사회에서 돈이 없어서 음식을 먹지 못하는 경우는 있어도 음식이 없어서 먹지 못하는 일은 흔치 않기 때문이다. 그러나 19세기까지의 역사를 살펴보면 인구 증가에 따른 대기근이 맬서스만의 걱정은 아니었음을 알 수 있다.

맬서스는 식량 생산량이 늘어나면 인구가 증가하고, 늘어난 인구를 더 이상 부양하지 못하여 대기근이나 전쟁과 같은 재앙이 발생해서 다시 인구가 줄어드는 현상이 반복된다고 주장했다. 이러한 과정은 앞에서 살펴본 사례를 비롯하여 역사에서 여러

영국의 존 린넬John Linnell이 그린 맬서스의 초상화(1834년)

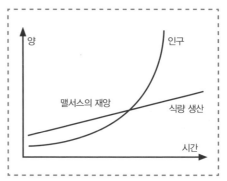

그래프로 나타낸 맬서스의 인구론. 식량 생산량보다 인구가 훨씬 빨리 늘어나기 때문에 언젠가는 큰 기근이 일어날 수 있다고 보았다.

차례 반복된 일이다. 맬서스 이전의 사람들도 번영이 지속되다가도 곧 쇠락이 찾아오고, 쇠락이 지나면 다시 번영이 찾아온다는 사실을 경험을 통해 체득하고 여러 기록에 남기기도 했다.

맬서스는 문명의 흥망성쇠라는 오랜 관념을 과학적인 방법론으로 입증하고 일반화했다. 여기에 그치지 않고 그는 자신이 고안한 이론을 바탕으로 한 정책도 제시했다. 맬서스가 제안한 정책은 감당하기 어려울 정도로 인구가 증가하기 전에 인구를 통제해야 한다는 것이 주요 골자였다. 저소득층이 생산하는 부가가치는 고소득층에 비해 훨씬 적지만 식량이나 자원은 큰 차이 없이 소모한다. 따라서 저소득층의 인구가 늘어날수록 식량을 포함한 재화 생산은 충분히 증가하지 않음에도 이들을 부양하는 데 필요한 식량과 자원 소모가 커진다. 맬서스는 이에 대해 저소득층을 위한 의료 지원과 같은 보편적인 복지 정책을 펼치기보다 저소득층 숫자를 일정 규모로 통제해서 한 사람이 받는 혜택을 늘려야 한다고 제안했다. 오늘날의 관점에서는 기본권을 무시한 채 특정 인구 집단의 숫자를 인위적으로 조절하자는 발상이라 무척 잔혹하고 비인간적으로 보이는데, 이는 19세기 영국인에게도 마찬가지라서 맬서스의 제안은 큰 논란을 불러일으켰다. 인류 대다수가 빈곤하고 배고프게 사는 것은 자연법칙이라고 긍정해 버린 것이나 마찬가지였기 때문이다.

물론 맬서스가 이러한 주장을 한 데에는 이유가 있었다. 그가 활동하던 18세기는 영국이 아일랜드를 사실상 식민지화하던 때였다. 12세기 후반부터 아일랜드를 차츰 예속시켰던 영국은 18세기에 들어서자 아일랜드인의 토지를 본격적으로 빼앗기 시작했다. 일제 강점기 때 우리나라 농촌처럼 대부분의 아일랜드인은 소작농으로 전락하여 상당량의 농작물을 수탈당하고 구황작물(救荒作物)[7] 인 감자만으로 연명해야 했다. 그런데 감자가 '지나치게 훌륭한' 구황 작물이라는 것이 비극의 씨앗이었다. 아일랜드의 농경지 대부분이 영국에 수출할 환금 작물만 재배하여 먹을 것이 거의 없는 상황에서도 감자 덕분에 아일랜드의 인구가 꾸준히 증가한 것이다.

단 한 종류의 작물에 기대어 인구가 증가하는 상황이 당시

---

7 흉년 따위로 기근이 심할 때 주식물 대신 먹을 수 있는 농작물. 가뭄이나 장마에 영향을 받지 않고, 걸지 않은 땅에서도 가꿀 수 있는 작물로 감자, 메밀 따위가 있다.

사람들에게도 무척 우려스럽게 보였던 모양이다. 이러한 인식은 《걸리버 여행기》를 쓴 조너선 스위프트 Jonathan Swift의 《겸손한 제안(A Modest Proposal)》이라는 제목의 수필을 통해 엿볼 수 있다. 스위프트는 이 수필에서 '어차피 아일랜드는 감자밖에 먹을 것이 없고 그마저도 모자란데 저소득층의 아기를 잉글랜드에 특산품으로 수출하는 것이 어떠한가? 아기 하나로 최소 3인분의 고기는 나올 테니 아일랜드인의 식량 문제도 해결되고 아일랜드인들을 없애고 싶어 하는 잉글랜드인들도 만족시킬 수 있을 것이다.'라는 글을 남겼다.

끔찍한 발상이지만 스위프트가 인종주의자라서 이런 글을 쓴 것은 아니다. 아일랜드 출신인 스위프트가 '잉글랜드 사람들이 먹을 것을 전부 수탈해 가서 아일랜드 사람들은 늘 기근에 시달리고 있다. 이럴 바엔 차라리 모두 다 죽여라.'라는 뜻으로 비꼰 것이다. 《겸손한 제안》을 썼던 해가 1729년이므로 맬서스가 《인구론》을 출판하기까지 100년 가까이 아일랜드인들은 대기근의 문턱을 넘나들며 위태한 상황을 유지해 온 셈이다. 양식을 갖춘 지식인이라면 우려할만한 상황이었다. 맬서스는 아일랜드의 상황을 지켜보면서 곧 닥쳐올 아일랜드 대기근을 예감했을 것이다.

맬서스가 생전에 대기근의 참상을 직접 보지는 못했지만, 19세기 중반 감자마름병이 퍼지면서 그가 우려했던 재앙이 일어났다. 먹을 것이 없어진 아일랜드인들은 하나둘 굶어 죽기 시작했으며 기근을 견디지 못하고 신대륙인 미국으로 탈출 행렬이 이어졌다.

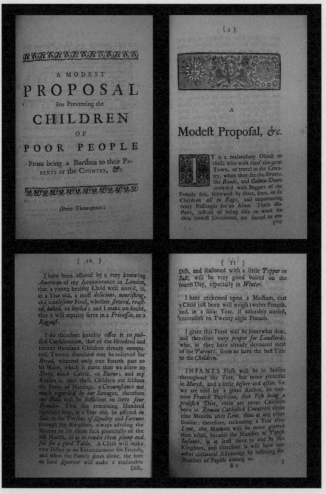

조너선 스위프트가 쓴 《겸손한 제안》의 1729년 초판본. 이 책에서 스위프트는 굶어 죽어 가는 아일랜드 농부들에 대한 영국 정부의 무관심을 비꼬았다.

대기근 직전 800만이었던 아일랜드 인구는 4년여의 대기근으로 반 토막이 났고, 아직까지도 대기근 이전의 상태를 회복하지 못하고 있다.

농업 생산력이 최고조에 달했을 때 비극의 씨앗이 싹텄던 13세기의 역설과 마찬가지로, 맬서스의 묵시론적인 예언은 당시 영국 농업의 발전이 배경이었다. 흔히 '제2의 농업 혁명'으로 일컫는 영국 농업 혁명은 자본주의적 농장 운영과 집약 농법을 결합하여 식량 생산량을 극한까지 끌어올렸지만, 역설적으로 식량 생산량이 늘어날 여지도 크게 줄였다. 농업 혁명이 왜 위기를 불러왔는지 이해하려면 집약 농법이 무엇인지 들여다볼 필요가 있다.

## 집약 농업의 함정

실증적인 역사학이 발달한 오늘날에는 이미 버려진 이론이지만, 한때 서양사에서는 중세를 '암흑시대(暗黑時代)[8]'로 묘사하곤 하였다. 암흑시대라는 개념은 근대 유럽인이 '미개한' 중세인과 자신

---

8  서양사에서 봉건 제도와 교회의 속박으로 학문과 예술이 쇠퇴하였던 중세(中世)를 이르는 말.

들을 구분 지으려는 프로파간다(propaganda)[9] 에 가깝지만, 적어도 식생활과 영양 섭취에만 국한하면 어느 정도 사실이었다.

고고학적인 증거에 따르면 고대 로마인의 평균 신장은 168센티미터에 달한다. 그런데 서로마 멸망 후 이탈리아 반도에 살았던 사람들은 부실한 영양 상태 때문에 이보다 작은 평균 신장을 유지했다. 이탈리아인이 고대 로마인 수준의 평균 신장을 회복한 시기는 제2차 세계대전 직후였다. 그리스인 역시 1970년대 이전까지는 헬레니즘 시대의 그리스인보다 키가 작았다.

'키 작은 중세인들'의 원인은 농업의 쇠퇴였다. 고대 그리스의 도시는 당대 최고의 인구밀도를 자랑할 만큼 매우 북적였다. 도시에는 각종 공방과 주거지가 빼곡이 들어차 있어 도시를 둘러싼 성벽 안에서는 식량을 생산하기 어려웠다. 대도시 사람들을 먹여 살린 것은 교외의 농장과 무역이었다. 이는 그리스의 농업이 자급자족보다 잉여 생산물을 거래하는 방향으로 발달했음을 보여준다. 그리스인은 당대 기준으로 놀라운 수준의 영농 기술을 확보해서 이익을 극대화했다. 고대 로마인도 마찬가지였다. 그들은 좁은 경작지에서도 최대한 많은 소출을 낼 수 있는 종자를 선별하고, 윤작을 시행해서 지력을 보존했다. 사료로서 가치가 높은 알팔파와 토끼풀을 재배하는가 하면 가축의 분뇨를 이용해서 비료를 만들기도 했는데, 이는 로마의 농부들이 생산력을 높이고자 별

---

9 어떤 것의 존재나 효능 또는 주장 따위를 남에게 설명하여 동의를 구하는 일이나 활동. 주로 사상이나 교의 따위의 선전을 이른다.

헬레니즘 시대의 대표적인 작품인 '라오
콘 군상(Laocoön Group)', 바티칸 박물관
큰 뱀에게 졸려 막 질식사하는 순간의 라
오콘과 두 아들의 고통을 표현하고 있는
작품이다. 라오콘은 아폴로 신을 섬기는
트로이의 제사장이었다. 트로이 전쟁 때
라오콘은 그리스군의 목마를 트로이 안
으로 끌어들이는 것을 반대했다. 그 때문
에 신의 노여움을 사 포세이돈이 보낸 두
마리 큰 뱀에게 두 아들과 함께 죽게 되
는 비극적 인물이다.

이 작품은 당대 그리스인의 이상적인 인
체 구도를 보여 주고 있다. 미술 작품임
을 감안해야겠지만, 헬레니즘 시대의 그
리스인 평균 신장은 1970년대 이전의 그
리스인보다 컸다고 한다.

스페인 세비야(Sevilla)의 필라토스(Pilatos) 저택 기둥
에 있는 농업의 여신 세레스Ceres 대리석상. 다른 문화
권에서와 마찬가지로 농업의 신은 로마 에서 매우 중
요하게 여겨졌다.

알팔파의 싹은 샐러드 재료로 인기가 높다. 알팔파는 고대의 농민들에게 가축의 사료로 중요한 작물이었다. 공화정 시기의 로마에서도 알팔파를 사료 작물로 많이 키웠다고 문헌에 기록되어 있다.

도의 작물을 재배할 만큼 농업 수준이 높았음을 보여준다.

고대 그리스와 로마의 농업이 이전의 자급자족식 농업과 다른 점은 바로 집약 농법이다. 농작물의 거래가 활발하고 거대한 소비 시장이 확보된 상황에서, 로마 제국의 농장주들은 이익을 극대화하는 데 골몰했다. 자연히 '환금성 높은 작물을 최소한의 인력만으로 최대한 많이 얻는 방법'이 필요했다. 당시 로마에서 환금성 높은 작물은 속속 개발되던 새로운 종자와 거대한 규모의 포도주 산업이, 최소한의 인력은 노예 노동이 해결해 주었다. 그렇다면 '최대한 많이 얻는 방법'은 무엇이었을까? 바로 로마인들이 고안하여 후대에 남긴 영농 기술이었다.

로마의 농부들은 땅의 잠재력을 거의 한계까지 끌어올리는 방법을 알고 있었다. 그들은 최대한 조밀하게 작물을 심었으며, 작물이 서로 간섭하지 않고 많은 소출을 내도록 심혈을 기울인 결과

고대 로마 공화정 말기의 연회를 묘
사한 프레스코화. 기원전 50년경 제
작된 그림으로 고대 로마의 풍요로
움을 보여 준다.

중세 프랑스의 화가 랭부르Limbourg 형제가
그린 '베리 공작의 호화로운 기도서(Les tres
riches heures du Duc de Berry)' 중 3월. 샹티,
콩데 미술관
중세 유럽의 3포 방식 농경지가 잘 묘사되어 있
다. 전경(前景)에서 농부가 쟁기질을 하는 땅이
봄에 씨를 뿌려 가을에 추수하는 춘경지, 오른
쪽 곡식 포대가 있는 땅이 가을에 씨를 뿌려 봄
에 수확하는 추경지, 왼쪽 위의 풀밭이 농사를
짓지 않고 목초지로 활용하는 휴경지이다.

로마 제국의 거대한 식량 경제를 운영할 수 있을 만큼 고도화된 영농기술을 확보했다. 고대 로마의 농업 기술은 이후에 카토Cato나 콜루멜라Columela, 바로Barro와 같은 저술가들이 남긴 기록 덕분에 후대의 이슬람 세계에 전해졌다.

로마인이 고안해 고대 사회를 유지해 왔던 농업은 중세 동안 일부 소실됐지만, 근대 산업 혁명기의 영국에서 다시 한 번 대격변을 겪었다. 17~19세기의 영국은 고대 로마와 사정이 비슷했다. 영국에서는 한동안 유지된 장원 중심의 농경 사회에서 벗어나 정치와 경제 양면에서 혁명을 겪으면서 도시에 인구가 집중되고 있었다. 늘어난 도시의 인구를 먹여 살리려면 운반하고 거래하기 좋은 작물을 최대한 많이 심어서 땅을 철저하게 활용해야만 했다.

산업 혁명기의 농장은 과거와 다른 도전에 직면해 있었다. 우선, 농지 소유권이 명확해지면서 시장 경제가 농업에 본격적으로 도입되기 시작했다. 이에 더해 소수의 지주와 자영농이 대부분의 농지를 차지하면서 한 농가에서 경작해야 하는 면적은 전례 없이 늘어났다. 경작지를 잃은 농촌의 인구는 대부분 도시로 흘러들어가 산업 혁명의 기반이 되었다. 그 결과 '농지는 있지만 일할 사람이 없는' 기현상이 벌어졌다. 그에 비해 인구가 증가하면서 농촌에서 생산해야 하는 농작물의 양은 나날이 늘어났다. 결국 넓어진 농경지를 경작할 누군가가 필요했다.

영국인들이 찾아낸 방법은 '토지와 고정 시설을 제공하는 지주와, 농경지를 소유하지는 않지만 전문적으로 경영하는 농민'의

영국 컴브리아 지방의 농촌 풍경. 농경지를 구획 지은 야트막한 돌담은 영국 농촌의 전형적인 풍경이다. 돌담은 경작지의 소유권을 표시한 것으로, 2차 인클로저 운동을 거쳐 완전히 확립되었다. 농경지가 장원의 공동 소유에서 개인 소유로 전환됨에 따라 제한된 토지에서 최대한의 이득을 취하려는 노력이 활발해졌다.

분화였다. 현대식으로 말하자면, 공장을 소유한 사장과 공장에서 일하는 노동자와 비슷한 개념이 농촌에서 형성된 것이다. 오늘날의 기업과 마찬가지로 이들의 목적은 농촌 공동체의 자급자족이 아니라 최대한 많은 소출을 이끌어내 높은 이윤을 얻는 것이었다. 이처럼 자본주의적인 운영 방식이 농업에 도입되면서 농민들은 농

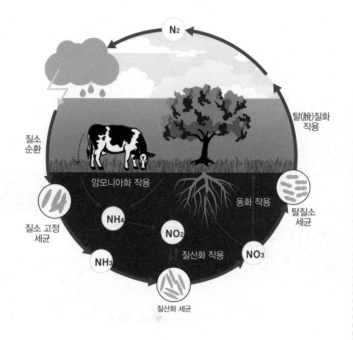

### 자연계에서 질소의 순환

N₂

탈(脫)질화
작용

질소
순환

암모니아화 작용

NH₄

NO₂

동화 작용

탈질소
세균

질소 고정
세균

NH₃

질산화 작용

NO₃

질산화 세균

질소는 각종 아미노산의 원료이므로 식물이 자라는 데 꼭 필요한 원소이다. 대기 중의 질소는 동물의 노폐물이나 질소 고정과 같은 과정을 거쳐 질산염의 형태로 땅속에 들어가며, 식물은 물과 함께 질산염을 빨아들여 질소를 얻는다.

경지의 가능성을 최대한 끌어내려고 했다.

영국의 농가에서 새로운 농법을 적극적으로 도입하고 가축의 품종을 체계적으로 개량하기 시작한 배경에는 바로 이러한 운영 구조의 변화가 있었다. 과거의 농업은 농경지의 1/2이나 1/3을

2~3년에 한 번씩 쉬게 하는 2포 농법이나 3포 농법이었다. 지력이 고갈되지 않게 하려는 목적이었다.

식물이 생장하려면 질소가 반드시 필요하다. 식물은 대부분의 질소를 흙 속에서 물에 녹은 화합물의 상태로 뿌리를 통해 얻는다. 흙 속의 질소 화합물은 대기 중 질소와 화학반응으로 저절로 형성되지만 이 과정에는 시간이 필요하다. 따라서 농작물을 재배하는 동안 고갈된 질소 화합물이 생성될 시간을 주기 위해서 농사를 짓지 않는 휴경지로 만드는 것이다.

그러나 농작물의 일부를 지대로 받는 지주나, 지대를 제하고 남은 작물을 소유하는 차지농(借地農)[10] 입장에서는 농경지를 놀려 두는 일을 반드시 피해야 했다. 농작물을 많이 얻을수록 자신의 재산이 늘어나기 때문이다. 따라서 농경지의 일부를 내버려 두는 고전적인 농법은 낭비였다. 농경지를 놀리지 않고 써먹을 수 있는 방법을 고민하던 농민의 눈에 띈 것은 순무와 클로버를 이용한 윤작이었다.

전통적인 작물인 밀과 보리는 지력을 극심하게 소모하는 데다가 재배 기간도 길었다. 그에 비하여 순무는 재배 기간이 짧아 토양에 부담을 크게 주지 않을 뿐 아니라 겨울에도 재배할 수 있었고, 잡초가 자라지 않도록 억제하는 역할도 했다. 클로버는 뿌리혹

---

10  일정한 보상을 하고 토지 소유자에게 땅을 빌려서 자신의 농기구나 가축 등을 가지고 하던 농업 경영. 또는 그런 경영자.

유럽의 농민들에게 중요했던 작물인 순무(왼쪽)와 클로버(오른쪽). 순무는 3포 농법의 부족한 생산량을 보충했고, 클로버는 지력을 회복시켰다.

박테리아가 공생하는 식물이었기에 공기 중의 질소를 물에 녹을 수 있는 고체 상태 물질인 '염'으로 변화시켜 토양 속에 붙잡아 두었다.

영국의 농민들은 밀과 보리 사이에 순무와 클로버를 끼워 넣음으로써 경작지를 놀려두지 않고 계속해서 농작물을 생산할 수 있었다. 이렇게 추가된 순무와 클로버는 가축의 사료로 이용해서 추가 소득을 얻었다. 맬서스 시대의 인구는 이처럼 제도적·기술적 변화에 힘입어 농업생산량이 크게 늘어난 결과였다.

# 식량의 굴레와 공기 속의 해법

대기근의 참상을 역사를 통해 이미 여러 차례 경험한 유럽인들은 맬서스의 이론을 정설로 받아들였다. 저소득층의 인구를 줄이자는 제안이 당당하게 국가 정책으로 채택될 정도였다. 토양에 질소를 공급하려면 콩을 심거나 휴경지로 두는 것 외에 달리 방법이 없어서 일정량 이상으로 농작물을 얻기 어려웠던 당시 유럽의 사정상 어찌 보면 당연한 결과였다.

그러나 다른 곳에서 해결책을 찾는 사람들도 있었다. 윤작에 만족하지 않은 농민들은 오래 전부터 토양에 질소를 인위적으로 첨가하는 방법을 찾아 왔다. 수확하고 남은 부산물을 모아 삭혀서 사용하는 퇴비나 거름이 이러한 노력의 결과였다. 그러나 이러한 천연 비료는 만들기 번거롭고 시간도 많이 걸린 데다 많은 양을 한꺼번에 만들기도 어려웠다. 인광석 발견은 그래서 농업에 매우 중요했다.

인광석은 동물의 배설물이 오랜 시간 쌓여 암석화된 광물을 말한다. 질소를 비롯하여 다양한 유기물이 포함되어 비료로 유용하게 사용할 수 있다. 농민들은 클로버를 심는 대신 인광석 가루를 농경지에 뿌려서 토양에 원하는 만큼 질소를 공급했다. 클로버를 심을 때처럼 기다릴 필요 없이 지력을 즉각 회복할 수 있었을뿐 아니라 과거에는 상상하기 어려울 만큼 많은 양의 질소를

박쥐 동굴에서 채취한 인광석. 인광석에는 질소가 풍부하여 '천연 비료'로 활용되었다. 인광석의 가장 중요한 용도는 화약의 재료였다.

바닷새의 배설물로 뒤덮인 바위. 흰 부분은 모두 새의 배설물이다. 이 배설물이 오랜 시간 동안 쌓여 암석화되면 인광석(구아노)이 된다. 인광석에 의존하는 농법이 오래 지속되기 어려운 이유이다.

한번에 공급할 수 있었다. 마침 신대륙에서 대규모 인광석이 발견되어 유럽의 농민들은 질소를 쉽게 원하는 만큼 농경지에 공급했다. 로마시대의 유산인 집약농법에 필요한 만큼 마음껏 공급할 수 있는 비료가 더해지자 농업생산량이 이전에는 상상하기 어려운 수준으로 치솟았다.

그러나 광물인 인광석은 언젠가 고갈되기 마련이다. 유럽으로 수입되는 인광석의 양이 점점 줄어들자 폭발적으로 성장한 농업 생산량이 오히려 재앙으로 돌아올 기미가 보이기 시작했다. 이미 인구는 늘어난 식량 생산량에 맞춰져 있는데 비료의 원료가 고갈되면서 식량을 증산할 방법이 딱히 없는, 13세기의 위기와 비슷한 상황이 벌어진 것이다. 늘어난 인구를 부양하는 일은 유럽 각국의 정부에게 커다란 숙제였다. 대기근의 악몽이 슬금슬금 고개를 들기 시작할 무렵, 독일에서 인류 역사를 송두리째 바꿀 엄청난 희소식이 들려왔다.

유럽의 인구가 폭발적으로 증가하던 19세기, 과학자들은 인광석을 대체할 방법을 찾느라 골몰했다. 그런 과정에서 이들은 공기 중의 질소에 주목했다. 농부들은 오랜 경험을 통해서 벼락을 맞은 땅이 비옥해진다는 사실을 알고 있었다. 과학자들은 농부들의 경험에서 힌트를 얻어, 전기를 이용해서 식물이 양분으로 빨아올릴 수 있는 질소 화합물을 만들 수도 있을 것이라 생각했다. 대기 중 질소를 땅 속의 질소화합물로 바꿔 놓는 '질소고정' 메커니즘을 발견한 것이다.

타당한 아이디어임에는 틀림없었지만 문제는 반응 환경이었다. 번개가 칠 때 생성되는 산화질소는 전기 스파크의 온도가 2,000~3,000℃나 되는 높은 에너지를 가해야 생성됐다. 당시의 기술 수준으로는 어림없는 일이었다.

실현하려면 난관이 많은 아이디어지만, 공기 중의 질소로 비료를 만든다는 생각은 무척 매력적이었다. 질소는 대기의 약 80%를 차지하는 기체로 사실상 거의 무한정 얻을 수 있다. 또한 대기 중 질소가 줄어든다고 해도 식물이 죽어 부패하거나 동물이 먹어 소화하는 과정에서 흡수된 질소가 대기중으로 되돌아가므로 문제될 것이 없다. 과학자들은 암모니아라는 대체재를 찾으면서 돌파구를 마련했다. 질소와 수소가 결합한 암모니아는 산화질소보다 만들기 수월했을뿐 아니라 물에 잘 녹아서 비료용으로 쓰기 좋았다.

암모니아 제법을 발견한 독일의 화학자 프리츠 하버. 하버는 암모니아 발견으로 '공기로 식량을 만들었다'는 찬사를 받았다.

하버가 최초로 암모니아 합성 실험을 했던 실험 장치(베를린 프리츠 하버 연구소)

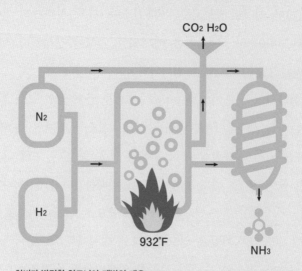

**하버가 발견한 암모니아 제법의 개요.**
19세기의 기술로도 어렵지 않게 질소 화합물을 생산할 수 있었다. 질소 화합물은 화학 비료 시대의 신호탄이 되었다.

마침내 독일의 프리츠 하버Fritz Haber가 오스뮴(osmium)[11] 촉매를 이용해 불과 500℃의 온도에서 암모니아를 합성하는 데 성공했다. 이 정도면 산업적으로 어렵지 않게 만들어낼 수 있는 조건이었다. 이는 대기 중의 질소로부터 직접 비료를 만들 수 있음을 뜻했다. 하버의 발견에 힘입어 인류가 주기적인 대기근에서 해방되는 첫 걸음을 내딛은 것이다. 암모니아를 만들어 내기 시작하자 그야말로 대격변이 일어났다. 증가량을 따라잡기도 버거웠던 식량 생산량 증가율은 질소 비료를 본격적으로 생산하기 시작한 지 불과 3년만에 인구 증가율의 두 배를 기록했다.

하버는 이 발견으로 '공기로 식량을 만든 과학자'라는 명성을 얻었다. 현재의 추산에 따르면, 하버의 발견 이전 전 세계의 인구 수용 능력은 36억 명 수준이었다고 한다. 오늘날 지구의 인구는 77억 명이 넘는다. 바꿔 말하면, 하버의 발견이 41억 명의 인구를 추가로 먹여 살릴 수 있었던 셈이다. 그러나 농업이 지금과 같은 수준의 생산력을 달성하려면 한 가지가 더 필요했다.

---

11 은빛을 띤 잿빛의 광택이 나는 백금족 원소의 하나. 금속 가운데 비중이 가장 크고, 백금족 원소 가운데 녹는점이 가장 높다. 전기 접점(接點)의 재료나 만년필의 펜촉 따위에 쓴다. 원자 기호는 Os, 원자 번호는 76, 원자량은 190.2.

# 곤충과의 생존 경쟁, 그리고 농약

숲속에서 길을 잃었을 때 먹을 것은 없고 어떻게든 배고픔을 해결해야 하는 상황에서, 먹을 수 있는 것과 먹을 수 없는 것을 구별하는 가장 좋은 방법은 무엇일까? 전문가들은 다른 동물이 무엇을 먹는지 관찰하면 먹을 수 있는 것을 가려낼 수 있다고 말한다. 일반적으로 사람보다 작은 포유류가 먹는 것은 사람에게도 큰 해가 없는 경우가 많다.

이를 뒤집어 말하면, 사람이 먹을 목적으로 재배하는 작물은 다른 동물에게도 좋은 먹잇감이 된다는 뜻이다. 그리고 다른 동물이 작물을 먹어 치우는 만큼 사람은 굶어야 한다. 사람과 다른 동물들이 농작물을 두고 서로 경쟁 관계에 있는 셈이다.

농경을 시작한 이후, 이러한 경쟁 관계는 농부들에게 늘 골칫

인류가 농경을 시작한 이래 곡식을 주식으로 삼는 곤충은 인류의 경쟁자였다.

거리였다. 멧돼지나 초식 동물은 눈에도 잘 띄고 잡아먹을 수라도 있었지만 잡기도 힘들고 먹을 수도 없는 곤충과 미생물은 언제나 문젯거리였다.

인류가 선택한 방법은 '대량 살상'이다. 곤충을 하나하나 잡기는 사실상 불가능하니, 일정한 공간에 있는 곤충을 죽이거나 쫓아낼 수 있는 무언가를 작물 근처에 두는 방법이다. 농부들은 오랜 경험으로 곤충들이 싫어하는 것이 무엇인지 잘 알고 있었으며, 이를 곧바로 자신의 농장에 이용했다. 바로 농약이다.

농약으로 가장 먼저 이용된 물질은 황이다. 기원전 2500년경 메소포타미아 지역의 수메르 농부들은 곤충으로부터 작물을 지키려고 여름 동안 황가루를 농지에 뿌려 두었다. 동쪽의 인도에서는 같은 목적으로 독성 물질을 사용했다는 기록을 고대 인도의 경전인 리그베다(Rig Veda)[12]에 남겼다.

농약은 중세 시대를 거치며 한층 발전했다. 로마시대부터 유행하기 시작한 연금술에 힘입어 다양한 독성 광물질이 발견되자, 농부들은 이를 벌레를 쫓는 데 사용했다. 이러한 독성 광물은 황보다 훨씬 강력한 효과를 냈다. 지금 생각하면 위험하기 짝이 없는 행동이지만 중세의 농부들은 벌레를 쫓기 위해 비소나 수은, 납을

---

12 고대 인도의 브라만교의 근본 경전 가운데 하나. 10권 1,028장(章)의 운문 찬가로서 기원전 1500~1000년에 성립되었는데, 천지 자연의 신에 대한 찬가와 아리아인에 의한 인도 건국의 과정이 전개되어 있어 인도 사상의 원천이 된다. 2007년에 유네스코 세계 기록 유산으로 지정되었다.

# 농약이란?

작물의 재배, 저장 중에 생기는 병해충과 잡초를 방지하는 데 사용하는 화학 농약 및 생물 농약과 농작물의 생리 기능을 증진하거나 억제하는 데 사용되는 식물 생장 조절제, 약효를 증진하는 보조제 등의 총칭

## 농약의 분류

| 종류 | 적용 대상 | 종류 | 적용 대상 |
|---|---|---|---|
| 살균제 | 병균(곰팡이, 세균) | 살비제 | 응애류 |
| 살충제 | 해충 | 제초제 | 잡초 |

### ❶ 살균제

| 종류 | 특성 |
|---|---|
| 보호 살균제 | 병균이 작물체 속으로 침투하는 것을 막아 줌. |
| 직접 살균제 | 병균의 작물체 침입을 막아 주거나 이미 침입한 병균을 죽임. |
| 기타 살균제 | 종자 살균제, 토양 소독제 등 |

### ❷ 살충제

| 종류 | 특성 |
|---|---|
| 독제 | 해충의 소화 기관 안으로 들어가 살충 작용을 하는 약재 |
| 접촉제 | 해충의 피부를 통과하여 해충을 죽게 하는 약재 |
| 침투성 살충제 | 살충 성분이 식물 즙액처럼 작물에 퍼져서 해충을 죽이는 약재 |
| 훈증제 | 살충 성분이 가스 상태로 된 약재 |
| 유인제 | 해충을 유인하여 한곳으로 모이게 하는 약재 |
| 기피제 | 보호하고자 하는 작물이나 저장 곡물에 해충이 모여드는 것을 막는 약재 |
| 점착제 | 해충이 자주 지나가는 지역에 발라 놓는 끈적끈적한 약재 |
| 생물 농약 | 세균, 바이러스, 천적 곤충 등을 이용하여 해충을 방제하는 약재 |
| 불임제 | 해충의 생식 능력을 제거하는 약재 |

### ❸ 제초제

| 종류 | 특성 |
|---|---|
| 선택성 | 특정 잡초에 대해서만 제초 효과를 나타내는 약재 |
| 비선택성 | 작물을 포함한 모든 종류의 식물을 죽이는 약재 |

농작물에 뿌리기도 했다.

17세기에 들어서자 조금 더 현명한 방법이 발겼됐다. 중금속의 유해성이 조금씩 알려지면서 대체재를 찾기 시작한 것이다. 해답 중 하나는 생물체에서 유래한 물질이다. 식물은 살던 장소에서 벗어날 수 없기 때문에 다른 종의 식물이나 곤충으로부터 자신을 보호하기 위해 특별한 방법을 발달시켰다. 바로 '독'이다. 식물의 독은 동물들이 감히 가까이 다가오지 못하게 막는다. 카페인과 같은 물질이 대표적이다.

유럽의 농민들은 신대륙에서 수입된 작물, 담배를 이용했다. 담배에서 나오는 진액에 포함된 황화니코틴은 사람에게도 자극이 심할 정도로 독성이 강해서 곤충에게 치명적이다. 유럽인의 활동 영역이 동남아시아까지 확장되자 동남아시아 원산의 제충국이 도입되면서 19세기부터는 제충국이 널리 사용됐다. 담뱃잎이나 제충국처럼 생물체에서 유래한 물질은 비교적 안전하고 효과도 좋아서 고품질 농약으로 각광받았다. 그러나 필요한 만큼 생산하기 어려워서 비소는 여전히 대표적인 농약의 원료였다. 1850년대까지만 해도 살충제의 주성분은 대부분 비소였을 정도다. 당시에는 비소의 위험성이 일반인에게도 잘 알려져 있었지만, 늘어나는 인구를 부양하고 조금이라도 더 수익을 얻으려면 어느 정도의 위험을 감수해야만 했다.

유기화학의 등장이 이러한 상황을 반전시켰다. 유기 화학은 생물체가 만들어 내는 물질을 무생물로부터 만들어 내는, 20세기

판 연금술이었다. 예전에는 생물이 만들어 주기를 기다려야 했던 물질을 마음껏 합성해서 농약으로 사용할 수 있게 된 것이다. 이는 새똥이 오랜 세월에 걸쳐 굳은 인광석으로부터 얻을 수 있었던 질소 비료를 공장에서 뚝딱 합성해 낸 하버의 비료 혁명에 비견할 만한 일이었다.

살충제로 종종 사용했던 황화비소($As_2S_3$). 비소는 살충력이 탁월했지만 사람에게도 해로웠다.

자연이 인류에게 선물한 천연 살충제 제충국. 제충국은 살충제로서 이상적인 조건을 갖췄지만 많은 양을 얻기 어려웠다.

# 새로운 살충제를 찾아서

가장 안전하고 값싼 살충제의 첫 번째 주인공은 앞서도 언급한 제충국이다. 제충국은 동남아시아 원산의 국화과 식물이다. 이름이 의미하듯 원산지와 동아시아에서는 '곤충을 물리치는 국화'로 널리 알려져 있다. 현지에서 제충국을 사용하는 방식은 과거에 쑥을 이용하던 것과 비슷한데, 동남아시아 사람들은 제충국을 태워 훈증(燻蒸)[13] 하거나 알코올로 주성분을 추출하는 방식으로 모기향이나 농약을 만들곤 했다.

서식지에서만 주로 사용하던 유기농법인 제충국 살충제는 유럽인들이 동남아시아를 식민화하면서 널리 퍼졌다. 유럽인이 제충국에 주목한 이유는 살충력이 강력하면서도 포유동물에게 독성이 적기 때문이다. 당시 유럽에서 널리 사용되던 비소 계열 살충제는 살충 효과가 탁월했지만 인체에 몹시 해롭다는 문제점이 있었다.

제충국은 식물체와 꽃 부분에 '피레트린(pyrethrin)'과 '시네린(cinerin)'이라는 담적황색의 기름과 같은 물질이 있다. 피레트린은 곤충의 운동신경을 마비시켜서 죽이지만, 포유동물인 사람과 가축에게는 독성이 없어 농작물에 사용하더라도 사람이 먹는 데에

---

13 더운 연기를 쐬거나 그것에 쬠.

과거에 많이 사용하던 모기향의 주성분은 '피레트린'
이다. 피레트린은 제충국에서 추출한 물질로 곤충을
쫓아내는 효과가 있다.

는 아무 문제가 없다.

유럽에 소개된 제충국은 빠르게 비소 화합물 살충제를 대체하기 시작했다. 20세기 초에 이르면 중요한 군수품으로 인식될 정도였다. 주둔지에 들끓는 해충을 구제하는 데 종종 사용되었기 때문이다.

그런데 제충국은 생물에서 추출해야 하기에 필요한 만큼 얻기 어렵다는 단점이 있었다. 또한 주요 생산지도 원산지인 인도네시아에 한정됐다. 이러한 단점은 제2차 세계대전 때 일본에서 제충국의 최대 산지인 인도네시아를 점령하면서 극명하게 드러났다. 일본이 점령한 기간 동안 제충국의 가격이 천정부지로 치솟았으며 열대 지방에서 전쟁을 치러야 했던 동남아시아 전선의 연합군은 말라리아에 시달려야만 했다.

이때 구세주로 등장한 것이 DDT(Dichloro Diphenyl Trichloroethane)이다. DDT는 원래 자연에 존재하는 물질이 아닌, 인간이 새롭게 합성한 물질이다. 1874년에 오스트리아의 화학자인 자이들러 Othmar Zeidler가 최초로 합성한, 제법 오래된 물질이었지만 1939년까지 이 물질이 곤충에게 독성을 준다는 사실에 대해서는 전혀 알려지지 않았다. 그런데 제2차 세계대전 당시 제충국의 공급난으로 새로운 살충제를 찾는 과정에서 DDT가 곤충의 신경 독소로 작용한다는 사실이 밝혀졌다. 무엇보다도 놀라운 점은 DDT가 제충국과 유사하게 작용해서 사람에게는 영향을 주지 않는다는 것이다. 제충국과 동일한 효과를 지닌 데다 공장에서 필요한 만큼 만들 수 있는 물질이다. 살충제로서는 최적의 조건인 셈이다.

스위스의 염료 회사 가이기 연구소(J. R. Geigy A.G.)에서 살충제를 연구하던 파울 뮐러Paul Herman Müller는 제충국과 유사한 성분의 화학 물질을 찾던 중, DDT라는 합성 물질이 곤충의 신경을 마비시키는 성질이 있다는 것을 발견하였다. 그는 1941년 살충제 DDT를 특허로 출원하고, 이듬해부터 제품으로 만들기 시작했다.

DDT는 제2차 세계대전 당시 동남아시아 전선과 태평양 전선

DDT의 살충 효과를 발견하고 공업화하는 데 성공한 폴 뮐러. 뮐러는 말라리아 모기 퇴치 등의 공로를 인정받아 1948년도 노벨 생리의학상을 수상했다. ⓒmollykellyddt.weebly.com

살충제의 혁명이라고 할 만한 DDT 살포 장면. DDT는 살충력이 우수하고 사람에게 별 피해가 없어 20세기 중반까지만 해도 널리 사용됐다. 지금도 열대 지방에서 뎅기열과 같은 곤충에 의한 전염병을 예방하기 위하여 사용한다. ⓒ mollykellyddt.weebly.com

에서 말라리아를 비롯한 각종 전염병에 시달리던 미군들에게 널리 사랑받았다. 미군은 DDT를 중요한 군수 물자로 지정하고는 DDT가 안정적으로 공급되도록 만전을 기했다. 1942년 말 가이기 연구소가 독일군과 이탈리아군에 둘러싸이자 최우선순위의 비밀 작전을 통해 DDT 샘플과 자료를 입수한 것은 유명한 일화다.

전쟁이 끝난 이후에도 DDT는 인류를 구원한 약품으로 칭송받았다. DDT는 말라리아 발병률을 크게 낮췄을 뿐 아니라, 6·25 전쟁 때에도 빈대와 이를 퇴치하는 데 크게 기여했다. 게다가 대량으로 생산할 수 있었고 가격도 저렴했다. 사람에게는 피해가 없고 곤충만 죽이는 이 살충제는 그 안전성에 힘입어 남용이 아닌가 싶을 정도로 많은 양이 뿌려졌다. 당시에는 진에 DDT를 타서 먹는

6·25 전쟁 당시 아이들 머리에 이를 없애고자 DDT 분무기를 뿜어 주고 있는 모습. 여러 전쟁에서 DDT는 전염병의 위협으로부터 수많은 사람들을 구했다. © 뉴시스

미키 슬림(Mickey Slim)이라는 칵테일이 언급될 정도였다. 실제로 미키 슬림이 판매됐는지는 분명하지 않지만, 여러 전문가들이 DDT의 안전성을 입증하고자 소량을 꾸준히 복용한 것은 잘 알려진 일화다. 그만큼 DDT에 대한 신뢰는 높았다. 그러나 DDT의 전성기는 책 한 권에 의해 끝나고 만다.

## 두 얼굴의 DDT

1962년, 미국의 해양생물학자인 레이첼 카슨Rachel Carson이 펴낸 책 한 권이 사람들에게 커다란 파문을 불러일으켰다. 책의 제목인 《침묵의 봄(Silent Spring)》은 '새가 사라져서 새소리도 들리지

레이첼 카슨과 그의 저서, 《침묵의 봄》(1962년). 이 책은 사람들에게 엄청난 반향을 불러 일으켰다.

않는 봄'을 뜻한다. 카슨이 이 책에서 새를 죽인 원흉으로 지목한 것은 다름 아닌 DDT였다.

사실 DDT의 유해성은 이전부터 논란거리였다. 1945년 영국에서 발표된 논문에는 DDT가 인간에게 유해하다는 증거가 담겨 있었으며, 카슨 역시 같은 해에 〈리더스 다이제스트〉에 기고한 글에서 DDT의 유해성을 경고했다.

한 가지 오해해서는 안 될 점이 있다.《침묵의 봄》이 충격적인 내용만큼이나 파급 효과도 컸던 탓에, 많은 사람들은 카슨이 열렬한 환경 운동가라고 오해하곤 한다. 이 책을 계기로 화학 물질을 죄악시하는 분위기가 확산되었고, 과학적인 증거보다 감성적인 공감에 치우친 환경 운동이 본격적으로 나타났기 때문이다. 그러나 카슨은 "DDT가 인공적으로 합성한 화합물이므로 몸에 해로우니 당장 퇴출해야 한다."고 주장하지는 않았다. 그보다는 생물학자로서 너무나도 명백한 위험성을 알면서도 모른 채 그냥 지나칠 수 없었다고 하는 편이 더 정확할 것이다.

카슨은 1940년대부터 살충제나 제초제가 생태계에 미치는 영향을 주의 깊게 관찰했다. 해양 생태계 연구자인 카슨은 미국인들이 불필요하게 많은 살충제를 사용한다고 생각했다. 전쟁이 끝나고도 미국 정부에서는 불개미를 제거한다는 목적으로 하늘에서 DDT를 뿌려 댔고, 많은 사람들은 자신의 정원에 DDT로 만든 살충제를 아낌없이 사용했다.

사실 DDT를 사용하는 상황 자체만 두고 보면 안전성에 큰 문

거대한 농장에 농약을 살포하는 비행기. DDT가 발명된 이후 대량으로 생산된 살충제는 농업에 널리 사용되었다. ©proambientecampinas.com

제는 없었다. DDT를 사용할 때는 인체에 안전하다고 과학적으로 확인된 농도로 조절한다. 따라서 DDT 사용 자체만으로는 인체에 큰 피해가 없다. 문제는 어떤 이유로든 우리 몸에 들어오는 DDT 의 농도가 일정 수준 이상으로 올라갈 때 일어난다. 독성물질은 몸무게당 축적되는 농도에 따라 독성을 일으키므로, 여러 차례 DDT를 사용하면서 몸속에 축적되면 한 번 사용할 때 농도가 안 전한 수준이라도 위험할 수 있다. 카슨은 바로 DDT의 농도에 주 목했다.

카슨의 연구는 그동안 간과되어 온 '생물 농축'의 중요성을 부 각시켰다. DDT는 생태계에서 잘 분해되지 않는다. 토양 환경에 따 라 다르지만 DDT는 한 번 사용하면 최대 30년까지 분해되지 않 고 남아 있으면서 살충 효과가 지속된다. 이처럼 자연에서 오래가

1972년 DDT 퇴출로 멸종 위기에 몰렸던 흰머리수리의 개체 수가 다시 회복되었다. 이 결과는 DDT 퇴출의 가장 극적인 효과로 거론되고 있다.

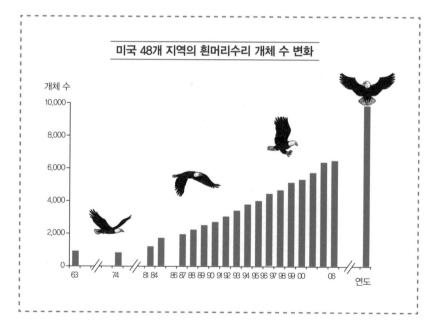

는 것은 살충제의 장점이지만, DDT가 지용성이기 때문에 분해되지 않은 채 동물의 지방 조직에 축적된다는 점이 문제였다. 지방 조직에 쌓인 DDT는 오랜 시간 동안 분해되지 않고 그 자리에 남아 있다. DDT 사용량이 늘어날수록 생물체가 흡입하는 DDT의 양도 많아지므로 지방에는 점점 더 많은 DDT가 축적될 수밖에 없다. 오랜 시간 동안 DDT에 노출되면 지방 조직의 DDT가 결국에는 조류나 포유류에게도 독성을 일으킬 수 있는 수준의 농도에 이르고 만다.

카슨은 흰머리수리를 근거로 제시했다. DDT가 본격적으로 사용된 이후 흰머리수리의 개체 수가 눈에 띄게 줄어들고 있었던 것이다. 실제로 1972년 DDT 사용을 본격적으로 금지시킨 이후 흰머리수리의 개체 수는 DDT 사용 이전으로 회복되었다.

# 살충제, 철퇴를 맞다

카슨은 DDT의 업적을 분명하게 인정했다. 태평양에서 수많은 군인의 목숨을 구했고 미국 남부에서 말라리아를 근절시킨 것은 분명 대단한 공로였다. 값싸고 효과 좋은 살충제가 보급된 덕분에 개발도상국의 국민들도 해충과 전염병의 위협에서 벗어날 수 있었으며, 식량 생산은 전에 없이 늘어났다. DDT는 '위험한 독극물'이 아니라 적절한 시기에 등장하여 한 시대의 사람들을 구원한 히트 상품이었다.

카슨이 강조한 것도 'DDT는 위험한 물질이다.'가 아니었다. DDT처럼 아무리 안전하고 효과 좋은 살충제라 하더라도 생물 농축에 의하여 '유해한 수준으로 축적될 수 있다.'라는 것이었다. 들판에 뿌려진 DDT는 먼저 곤충이 흡입하고 죽는다. 그리고 이 곤충을 먹은 새들의 몸에 DDT가 축적된다. DDT가 묻은 풀을 먹은 닭이나 소의 몸에도 당연히 DDT가 흡수된다. 달걀에도, 우유나 고기에도 DDT 성분이 들어 있을 수밖에 없다. 따라서 이를 먹은 사람의 몸에 DDT가 고스란히 쌓여 문제를 일으킨다. 먹은 당사자의 건강에도 문제가 생기지만, 혈관을 타고 모체에서 자식으로 전달되기까지 하니 더 위험하다.

카슨은 이렇게 먹이사슬을 타고 유입되어 축적되는 물질을 과학적으로 관리할 필요가 있다고 지적했다. DDT를 당장 사용하지 말자는 것이 아니라 DDT와 같이 생물 유해성을 지닌 물질이라면 독성의 양을 엄격하게 측정하고 이에 따라 사용을 제한해야 한다는 것이 카슨 주장의 핵심이었다.

그러나 상황은 카슨의 기대와는 다른 방향으로 흘러갔다. 하필 카슨이 예시로 든 흰머리수리가 미국의 국조였다는 점에 과도하게 감정적인 반응을 불러일으켰다. 수많은 사람들이 DDT를 '자연을 파괴하는 악'이라고 여겼다. 《침묵의 봄》의 영향을 받아

설립된 환경 보호 기금(EDF)에서는 미국 환경 보호청(EPA)과의 소송전과 청문회 끝에 1972년 DDT의 사용을 전면 금지한다는 결정을 이끌어 냈다.

이 결정은 마치 환경과 생태계에 해로운 DDT를 금지함으로써 문제를 해결한 것처럼 보인다. 그러나 DDT 사용 금지는 엉뚱한 곳에서 풍선 효과(風扇效果)[14]를 일으켜서 문제가 더 심각해졌다. 당시 널리 사용되던 살충제는 유기염소계와 유기인계로 나뉜다. DDT는 유기염소계를 대표하는 살충제로 사람에 대한 독성이 약하다. 이에 비해 TEPP로 대표되는 유기인계 살충제는 경구 독성(經口毒性)[15]이 DDT의 100배가 넘는다. 유기인계 살충제의 원형이 제2차 세계대전 당시 독일에서 살상용으로 개발하던 '포스겐(phosgene)[16]'이라는 점을 생각해 보자. 당연히 인체 독성이 강할 수밖에 없다.

독성만 놓고 보면 유기인계 살충제를 굳이 사용할 필요성이 있을까 싶지만, 유기인계 살충제는 유기염소계 살충제에 비해 분명한 장점이 있다. 바로 지속 시간이다. 유기인계 살충제는 자연 상태에서 쉽게 분해되어 사라지므로 사람과 가축이 없는 곳에서 사

---

14  하나의 문제를 해결하면 다른 쪽에서 문제가 발생하는 현상. 풍선의 한쪽을 누르면 다른 쪽으로 바람이 몰리는 현상과 같다는 것에서 유래하였다.

15  입으로 섭취하였을 경우에 생체 내에 악영향을 주는 물질의 성질.

16  일산화 탄소와 염소를 촉매 반응을 시켜 얻는 무색 기체. 강렬한 질식성 가스로, 유기 합성의 원료·독가스 따위로 쓰인다.

제1차 세계대전 파스상달(Passchendaele) 전투 중 참호에서 방독면을 쓰고 있는 호주 병사들. 유기인계 살충제는 당시 무기로 사용되던 독가스의 친척뻘쯤 됐다. 독성은 강하지만 오래 남지 않는다는 유기인계 살충제의 특성은, 적에게 확실한 피해를 주지만 아군의 점령에는 방해가 되지 말아야 한다는 무기로서의 요건을 만족시켰다. ⓒpttnews.cc

용한다면 이론상 인체에 대한 독성은 문제 될 것이 없다. 그러나 효과 지속기간이 짧아서 유기인계 살충제는 현실적으로 더 많이, 자주 사용해야 했다.

DDT 논쟁에서 생물 농축만이 지나치게 강조된 탓에 유기인계 살충제는 논쟁에서 쏙 빠지고 말았다. 사람들은 '자연이 분해하지 못하는 인공 화합물'에만 시선을 빼앗겨 '자연이 잘 분해하지만 위험한 인공 화합물'에는 무관심했던 것이다. 실제로 DDT 사용이 금지되자 유기인계 살충제의 판매량이 급증했다. DDT 사용을 금지하는 동안 카슨이 원했던 체계적인 독성 관리는 뒷전으로 밀리고 살충제 사용량이 30년 사이에 두 배로 껑충 뛰고 말았다. 결국 1990년대 들어 유기인계 살충제의 위험성이 재조명되고 나서야 무분별한 농약 사용에 제동이 걸렸다.

DDT에 사람들의 관심이 쏠리는 동안 간과된 것은 유기인계 살충제 말고도 또 있었다. 카슨은 《침묵의 봄》에서 생물 농축보다 더 심각한 문제는 해충들의 저항성이라고 지적했다. DDT의 강력한 살충 효과는 해충의 진화 과정에서 매우 강력한 환경 압력으로 작용한다. DDT에 견디지 못하는 해충은 모조리 죽어 버리므로 조금이라도 견딜 수 있는 개체만 살아남아 집단 전체가 빠르게 DDT 저항성을 갖게 되는 것이다.

특정 살충제에 대한 의존이 심해질수록 해충들은 그 살충제에 대한 저항성을 빠르게 확보해 간다. 그에 따라 살충제 사용량은 점점 늘어나야만 하고, 어느 시점부터는 살충제의 효과가 떨어지는 상황에 이를지도 모른다. 이는 항생제의 남용으로 슈퍼 박테리아(super bacteria)[17] 가 출현하는 과정과 동일하다. 결국 농약이 있으나 마나한 상황, 즉 살충제가 없던 시절로 돌아가 버리는 것이다.


# 벼랑 끝에 선 커피 산업

비료와 농약은 제 역할을 200% 해냈다. 맬서스 시절 지구가 최대로 부양할 수 있는 인구는 기껏해야 30억 명에도 미치지 못했다. 그러나 현재의 인구는 70억 명을 헤아린다. 오늘날에도 굶주리는 사람들이 많다고는 하지만, 대부분의 전문가들은 식량 생산량 자체는 전 세계 인구가 먹고도 남을 정도라는 데 동의한다. 인류는 그동안 훌륭하게 식량의 함정을 돌파해 나온 것이다.

그런데 문제는 다른 곳에서 생겼다. 식량 생산은 늘어났지만 오랫동안 지속할 수 있는 형태는 아니다. 근대적인 대량 생산 체제를 갖춘 농업은 비료와 농약에 의존했지만 20세기 말에 이르러 그 한계가 분명히 드러나기 시작했다. 이를 확인하려면 세계 곳곳

---

17 강력한 항생제로도 죽지 않는 박테리아. 항생제의 잦은 사용으로 그 내성이 점차 강해져 어떤 항생제에도 저항할 수 있게 된 것으로, 1996년 일본에서 처음 발견되었다.

에서 현재 일어나고 있는 상황을 살펴보는 편이 나을 것이다.

중앙아메리카의 산간 지대로 시선을 돌려 보자. 중앙아메리카의 적도 부근에 걸쳐 있는 콜롬비아는 세계적인 커피 수출국이다. 커피 산업은 2017년 기준 약 340억 달러 규모로, 연평균 5.5%씩 성장하고 있다. 산업이 이러한 수준으로 성장하기 위해서는 거대한 수요만으로는 부족하다. 수요에 맞추어 공급량도 거대해져야 한다.

커피 생산량을 늘리는 방법은 간단했다. 우선 커피가 잘 자라는 적도 부근의 서늘한 고원 지대에 넓은 땅을 확보한다. 북회귀선과 남회귀선 사이에 있는 고원은 대부분 사람의 손이 닿지 않은 열대 우림이므로 숲을 베어내서 농장을 만들기에 적합한 장소이다. 이렇게 확보한 땅에 커피나무를 조밀하게 심어 대규모 농장을 조성한다. 커피 재배는 워낙 손이 많이 가는 일이지만 대부분의 커피 생산지가 개발도상국이다 보니 값싼 인건비로 농장을 조밀하게 구성해도 별 문제는 없다.

이렇게 조성한 커피 농장은 전통적인 커피 재배 방법에 비해 단위 면적당 세 배 이상의 소출을 낼 수 있다. 커피의 수요가 늘어나면서 대규모 자본이 투입된 이러한 방식의 농장이 늘어났다.

물론 밀집 재배 방식이 마냥 순조로웠던 것은 아니다. 열대 우림은 생태적으로 불안정한 지역이다. 생물의 양이 많고 종류가 다양해서 낙엽과 생물의 사체에서 유기물이 풍부하게 공급되기는 하

지만, 잦은 비에 표토가 곧 쓸려 나간다. 이러한 환경에서 흙을 보호해 주던 삼림이 사라지면 땅이 금세 황폐해진다. 흙 표면에 얇게 쌓여서 열대우림의 풍성한 생태계를 지탱하던 유기물들이 한번에 쓸려나가는 탓이다. 양분이 부족해지니 식물 생장이 더디게 되고 식물이 부족해지면 숲을 보금자리로 삼는 새들이 떠나가고, 농작물에 큰 피해를 주는 해충들은 천적이 사라지면서 그 숫자도 늘어난다. 생태계 순환에 관심을 별로 기울이지 않았던 기업과 생태계에 무지했던 농민들은 비료와 농약으로 나무와 새를 대신했다. 그래도 큰 문제 없이 커피 농장은 예상한 만큼의 생산량을 보여 주었고 농장 경영주들은 만족할 수 있었다.

그러나 커피 산업의 황금기가 절정에 달했을 때, 산업 전체를

콜롬비아 커피 농장의 풍광. 목가적인 풍경이지만 이처럼 조밀하게 조성된 커피 농장을 위하여 열대 우림을 희생해야만 한다. 울창한 나무가 사라진 열대 우림은 빠르게 지력을 잃고 황폐화된다.

위협할 수 있는 문제가 나타나기 시작했다. 커피는 음지 식물, 숲 속의 나무 그늘이 제공하는 시원한 환경에서 자라던 관목이다. 그러므로 기온이 25℃를 넘으면 광합성 효율이 떨어져 커피 열매의 소출도 줄어든다. 전통적인 농법에서는 이러한 환경을 제공하고자 나무들 사이에 커피를 심었다. 이러한 농법은 당연히 토지 활용 효율이 낮을 수밖에 없다. 하지만 이렇게 자란 커피나무는 밀도가 높고 향이 좋은 열매를 50년 동안이나 꾸준히 제공한다.

이에 비해 커피나무만 빽빽이 심은 농장에서는 커피나무가 햇볕에 그대로 노출된다. 이러한 방식의 '일광 재배' 방식에서는 커피 생산이 빨리 이루어질 수 있었지만 커피나무의 수명은 15년 정도로 줄어들어 버렸다. 음지 식물이 지속적으로 태양빛에 노출되면서 수목에 악영향을 주었기 때문이다. 또한 열대의 강렬한 햇볕은 광합성 효율을 떨어뜨려 열매는 속이 허술해지고 열매의 크기는 줄어들었다.

문제는 여기에서 그치지 않았다. 농장의 생태계가 단순해지면서 토양의 재생력은 거의 없는 것이나 마찬가지가 되어 버렸다. 거대한 나무와 수많은 풀, 바닥을 끊임없이 기어 다니는 곤충과 유조동물(有爪動物) [18] 들이 모두 사라져 버린 땅은 커피나무에서 떨어지는 잎사귀와 비료만으로 유지하기에 역부족이다. 비료 덕분에 시간이 늦추어진 것뿐이지 토양은 분명하게 황폐화되고 있다. 농민들은 점점 더 많은 비료와 농약을 투입해야만 했고, 이는 고스란히 농가의 비용 부담으로 돌아왔다.

커피 농장의 수익성은 터무니없을 정도로 악화됐다. 글로벌 커피 기업에서 제시하는 구입 단가는 거의 오르지 않은 상태에서 농사에 필요한 비용만 늘어나자 커피 농업은 곧 매력을 잃어버렸다. 결국 콜롬비아에서는 커피 농업이 사양 산업(斜陽産業) [19] 취급을 받는 지경에 이르렀다. 젊은 세대는 커피 농업을 외면했으며, 오랜 세월 동안 커피 농장을 운영해 온 농장주들도 파산하거나, 생활고에 시달리다가 자살하거나, 농장을 버리는 일이 잇따랐다. 커피 산

---

18  발톱이 달린 융기물이 있는 여러 쌍의 다리를 가진 육상 무척추동물을 통틀어 이르는 말. 몸의 길이는 15~40$cm$이고 원통형이며, 표면에는 많은 돌기가 있다. 머리에는 한 쌍의 더듬이가 있고 입은 배 쪽에 있다. 대부분 열대 지방에 분포한다.

19  사회, 경제, 기술 혁신 따위의 형세 변화에 대응하지 못하고 쇠퇴하여 가는 산업.

업은 자멸적인 농법과 커피 농가의 희생에만 기대고 있었기에 벼랑 끝에서 맴돌고 있었던 셈이다.

## 대량 생산 농법의 확립과 과제

다행히도 변화가 찾아왔다. '공정 무역(公正貿易)[20] 커피'로 대표되는 '소비자와 생산자의 상생' 방식으로 전환한 농업 체계가 해결책을 제시했다. 많은 사람들은 흔히 공정 무역을 사회 경제적인 관점에서만 이해하는 경향이 있는다. 그러나 공정 무역은 생태학적으로도 매우 중요한 의미를 지닌다. 공정 무역은 외형적으로는 생산자인 농민에게 정당한 대가를 지불하는, 경제적 형평을 실현하는 방식으로 나타나기 때문이다. 이러한 방식의 무역이 자리 잡으면 농민 입장에서는 더 이상 조밀한 일광 재배와 같은 자멸적 형태의 농업을 유지할 필요가 없다. 이전보다 더 적은 양의

---

20 다국적 기업 등에서 자유 무역을 통해 이윤을 극대화하는 과정에서 적정한 생산 이윤을 보장받지 못한 채 빈곤에 시달리는 개발도상국의 생산자와 노동자를 보호하려는 목적에서 발생한 대안적 형태의 무역. 후진국의 생산자, 노동자들의 권리를 신장하고, 그들에게 더 유리한 교역 조건을 제공함으로써 빈곤을 줄일 뿐 아니라 생산 방법에서도 생태계 파괴를 줄이는 방향으로 유도함으로써 지속적 발전에 기여한다는 다목적 운동이다.

그늘 재배 방식의 커피 농장. 커피나무를 듬성듬성 심고 열대림의 일부를 남겨 둠으로써 지력이 유지될 수 있도록 하였다.

커피콩을 팔아도 충분한 수입을 얻을 수 있다면 굳이 장기적으로 지속하기 어려운 방식의 농업에 매달려야 할 이유가 없을 것이다.

안정적인 수입원을 확보한 농민들은 전통적인 방식으로 회귀하기 시작했다. 여기에는 문제의 심각성을 파악한 일부 다국적 기업들의 지원도 한몫했다. 식음료 기업인 네슬레(Nestlé)는 콜롬비아를 비롯한 12개국 협력 농장의 농민들이 '그늘 재배(shade grown)[21]' 방식을 받아들이고 농장의 생태적 구조를 이해할 수 있도록 교육 프로그램을 지원했다. 이와 함께 커피 농업의 불확

---

21 커피나무의 중간 중간에 서 있는 나무들을 이용하여 커피를 재배하는 것.

실성을 줄임으로써 농민들이 더 적극적으로 커피 농사에 집중할 수 있도록 연금 프로그램도 함께 운영했다. 농민들은 커피나무 사이사이에 바나나나무나 아보카도를 심어 커피나무에 필요한 그늘을 마련했다.

커피나무의 밀도는 낮아졌지만 커피의 질은 향상됐고, 바나나와 아보카도는 농민들에게 추가적인 수입까지 제공했다. 농장의 식생이 이전보다 복잡해지면서 생태계도 조금씩 복원되기 시작했다. 숲을 떠났던 새들이 하나둘씩 돌아오고 비료의 사용량도 줄어들었다. 그래도 커피 농업에는 여전히 비료가 필요했지만 적어도 이전보다는 더 지속할 수 있는 형태로 운영되었다.

커피 농장의 사례는 현대의 농업에 많은 시사점을 준다. 현대 농업은 단위 면적당 생산량을 극대화하는 데 최적화됐다. 오랜 시간 계속된 밀집 재배와 이를 뒷받침한 비료와 농약에 힘입은 결과다. 이러한 방식의 농법을 발판삼아 가능한 한 '대량 생산' 체제를 갖추고 규모의 경제를 실현하려는 경향이 있다. 한 번에 더 많은 양을 생산할수록 고정비 비중이 줄어들기 때문에 생산성은 더 높아지기 때문이다. 요컨대, 농장의 크기가 100ha든 10,000ha든 쟁기질을 하고 비료를 뿌리는 데 필요한 트랙터의 비용은 똑같고, 비료든 농약이든 한 번에 많은 양을 살수록 저렴해지므로 단일 품종을 넓은 농장에 재배하는 것이 이득이라는 뜻이다.

이런 시스템에는 값싸게 다량으로 사용할 수 있는 비료나 농약이 반드시 필요하다. 그러나 해충의 저항성은 점점 강해지고 비료

지금은 매일 마시는 커피 하나에도 지속 가능성을 생각하는 시대이다. '공정 무역'이라는 수식어가 반향을 얻는 이유도, 현재의 농업 시스템이 생각보다 연약하다는 사실이 널리 알려졌기 때문일 것이다.

를 쏟아붓더라도 대규모 재배의 결과 점점 떨어지는 지력을 막는 일은 더 어려워지고 있다. 수익성에 초점을 맞춘 대량 생산 방식의 농업은 한계에 이르렀는지도 모른다. 콜롬비아의 커피 농가에서는 공정 무역이라는 사회적인 해결책을 찾았지만 다른 식량의 경우에서도 이와 동일한 방식으로 해결되리라는 보장은 없다.

커피 농업의 사례는 역사 동안 인류를 먹여 살린 집약적 농업이 변화한 환경에 더 이상 적합한 방법이 아닐 수도 있다는 점을 보여준다. 집약 농업은 생산량을 늘리기 위해 토지의 부양력을 극한까지 끌어낸다. 지력이 소진될 것 같으면 비료를 보충하고 생태계의 균형이 깨져서 해충이 많아질 것 같으면 살충제로 균형을 맞춘다. 그러나 이러한 방식은 지속가능성을 보장하기 어렵다. 작물을 조밀하게, 대규모로 재배할수록 더 많은 비료와 살충제가 필요하다. 비료와 살충제를 많이 사용할수록 생태계에 미치는 악영향도 커진다. 당장은 균형을 억지로 유지할 수 있을지 몰라도 커피 산업처럼 지금과 같은 대량생산체제로 인해 상품의 질이 하락해서 오히려 경제적인 손해가 될 수도 있다. 그렇다면 무언가 다른 방향을 찾아야 한다. 1980년대부터 본격화된 '새로운 과학'이 해법의 열쇠를 쥐고 있었다. 바로 유전 공학이다.

2부에서는 인류가 겪은 식량 문제의 본질이 무엇이고, 이를 역사적으로 어떻게 극복해 왔는지 알아보았다. 인류는 식량위기를 맞아 무기력하게 당하고 있지는 않았다. 위기 때마다 해결책을 모색하고 식량 수급을 안정화하기 위해 노력했다. 현대 농업을 가능케 한 두 가지 발명품, 비료와 살충제를 바탕으로 인류가 어떻게 기근의 공포에서 해방됐는지 살펴보자.

### ㅇ바이킹족이 터전을 옮긴 이유
콜럼버스에 앞서 북아메리카에 정착한 바이킹들이 어떻게 사라졌는지 소개했다. 바이킹 공동체의 쇠락을 통해 환경의 변화가 문명사회를 어떻게 붕괴시키는지 그 과정을 추적해보자.

### ㅇ식량 위기는 신의 노여움이 아니다
바이킹 공동체의 멸망 과정을 자세히 분석하면서 식량 위기는 인류의 역사에 늘 있었다는 사실을 보여주었다. 농업을 비롯한 식량 생산 방법이 결코 한 가지 모습으로 오래도록 계속되는 것이 아니라 언제든 환경에 맞춰 바꿔야 한다는 사실을 이해하고 우리에게는 어떤 교훈을 주는지 생각해보자. 지금 우리의 농업도 환경이 변한다면 어떻게 변해야 할 지 토의해보자.

### ㅇ맬서스가 예언한 대기근
산업혁명기 영국과 맬서스의 이야기를 통해 식량 위기가 반드시 찾아올 수밖에 없음을 보았다. 맬서스의 추론의 전제와 근거를 살펴보고 당시 환경에서 농업기술의 발전이 없었다면 맬서스의 예측이 맞았을지 생각해보자.

### ㅇ집약 농업의 함정
1부에서 본 13세기 유럽과 마찬가지로, 때로는 기술 발전에 힘입은 농업생산량 증가가 오히려 식량위기를 앞당길 수도 있다는 사실을 확인했다. 과거의 사람들도 환경 변화에 대응하면서 부족하지 않게 먹고 살 수 있는 방법을 모색했다. 당시 유럽의 농법을 통해 어떤 문제를 어떤 방법으로 해결할 수 있었는지 가설을 세우고 추론해보자.

### ㅇ식량의 굴레와 공기 속의 해법
여기서는 맬서스의 우울한 전망을 어떻게 극복했는지 설명했다. 집약농업으로 지력이 떨어진 땅을 되살리는 방법에는 어떤 것이 있는지, 합성비료의 발명은 식량 위기를 극복하는 데 어떻게 기여했는지 생각해보자.

○곤충과의 생존 경쟁, 그리고 농약
인간이 해충들과 경쟁관계에 있음을 보여주었다. 비료와 함께 식량생산량을 높이는 데 크게 기여한 살충제가 어떤 과정을 통해 발전해왔는지 살펴보면서 농업과 식량 생산이 왜 자연과의 싸움일 수밖에 없었는지 토의해보자.

○새로운 살충제를 찾아서
화학 살충제의 탄생을 통해 해충과 인류의 오랜 싸움에서 인류가 어떻게 승리했는지 서술했다. DDT의 발전 과정을 보면서 살충제가 어떤 점에서 유용한지, 천연 살충제에 비해 어떤 장점이 있는지 생각해보자.

○두 얼굴의 DDT
살충제가 일으킨 문제를 통해 식량위기를 극복하는 기술이 새로운 문제를 일으켰다는 사실을 보여주었다. '침묵의 봄'에서 이야기하고자 하는 바는 무엇인지, DDT가 생태계에 어떤 영향을 주는지 토의해 보자. 그리고 현재 사용되는 살충제들은 어떤 문제가 있는지도 알아보자.

○살충제, 철퇴를 맞다
특정 살충제가 문제가 아니라 살충제 자체에 피할 수 없는 문제가 있음을 설명했다. DDT 논쟁의 진행 과정을 보면서 살충제 남용이 생태계에 미치는 영향을 진화 관점에서 이해해보자. 그리고 살충제가 일으키는 문제를 피하려면 해충을 어떻게 막는 것이 좋을지도 토의해보자.

○벼랑 끝에 선 커피 산업
비료와 살충제가 달성하지 못한 농업의 전제조건, 지속가능성에 대해 이야기했다. 땅의 양분을 이용해 인간이 먹을 식량을 최대한 많이 생산하는 농업의 근본적인 문제와 함께 농업에 지속가능성이 왜 중요한지 토론해보자.

○대량 생산 농법의 확립과 과제
여기서는 농업의 지속가능성을 위한 새로운 대안적 움직임을 소개했다. 그리고 농업의 문제는 사회적 문제이기도 하다는 사실을 보여주었다. 지속가능한 농업이 왜 사회적 이슈인지, 소비자와 생산자는 각각 어떤 마음가짐이 필요한지 알아보자.

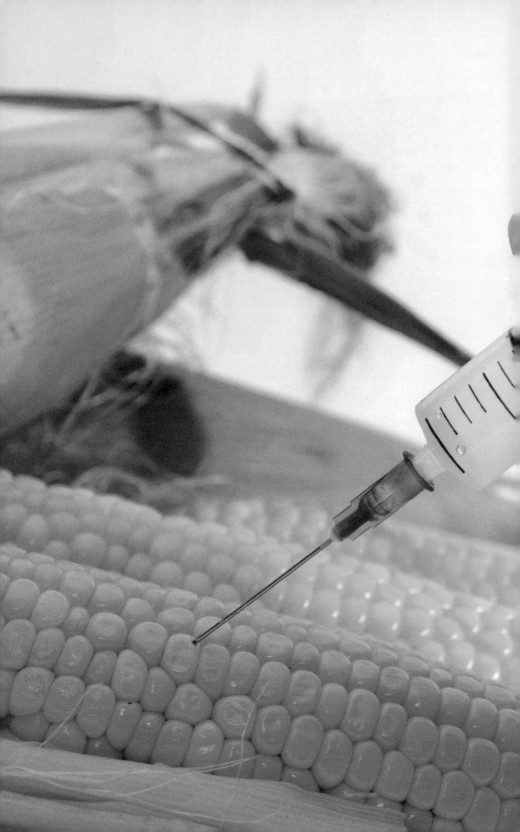

# 3부

# 생명으로부터
# 찾은
# 새로운 가능성

# 현대의 녹색혁명

불과 50여 년 전까지만 해도 봄은 우리나라에서 버텨 나가기 힘든 계절이었다. 봄철의 기근, 이른바 '보릿고개' 때문이다. 인구 밀도가 높고 경작지가 좁은 편인 우리나라에서는 땅을 최대한 효율적으로 사용해야 했다. 봄부터 가을까지의 기간 동안 거둬들인 쌀만으로 끼니를 해결하기 어려웠던 농민들은 쌀을 추수하고 난 논에 보리를 심어 어떻게든 먹을거리를 더 마련했다. 그러나 보리도 수확할 때까지 시간이 제법 걸린다는 것이 문제였다. 5월쯤 되면 가을에 수확한 쌀은 바닥을 드러내고 보리도 채 여물지 않아 구황 작물에 의존해 봄을 나야만 했다. 봄을 알리는 싱그러운 봄나물은 사실 먹을거리가 부족한 이른 봄을 살아가기 위한 지혜였던 셈이다.

보릿고개의 어려움을 겪지 않았던 사람들은 그 힘들었던 상황을 상상하기 어렵다. 보릿고개를 겪은 세대 입장에서도 일 년 내내 마트에서 곡식과 채소를 파는 것이 익숙한 요즘 굶주림은 먼 과거의 일처럼 여겨질 것이다. 굶주림이 일상인 시절이 먼 과거처럼 느껴지기는 비단 우리나라뿐만이 아니다. 동남아시아와 남아시아 국가들은 한때 식민지 시절 심각한 경제난으로 신음했지만 지금까지도 극단적인 식량 부족에 시달리는 나라는 거의 없다. 세계의 인구는 분명히 늘어났는데 무엇이 바뀌었기에 절대적인 기아가 끝난 것처럼 보이는 것일까?

그에 대한 해답은 제2차 세계대전 이후 일어난 '녹색혁명'에서 찾을 수 있다. 녹색혁명은 다양한 요인으로 식량 생산량이 급격히 증가한 현상을 말한다. 물론 과거에도 녹색혁명이라 일컬을 수 있는 사건이 없었던 것은 아니다. 신석기 시대에 인류가 처음으로 농경을 시작하면서 대규모 국가의 기틀을 마련한 것, 10세기 전후에 농업 기술이 발전하면서 식량 생산량이 급증한 것, 18세기 영국에

베트남 라오차이의 계단식 논. 20세기 중반 내내 선진국의 지원에 힘입어 저개발국에서는 '녹색혁명'이 일어났다. 기근을 퇴치하려는 국제적인 노력이었다. 20세기의 인구 폭발은 전세계적으로 광범위하게 진행된 녹색혁명의 공이다.

한국에서 여러 농학 연구자들이 필리핀의 국제 미작 연구소(IRRI)에서 연수를 받으며 1964년부터 소출량이 많은 신품종을 개발하기 시작했다. 1967년 IR677이라는 이름으로 탄생한 '통일벼'는 그 결실이었다. 악명높은 밥맛과는 별개로, 통일벼는 한국의 기근을 해결하는 데 적지 않은 공헌을 했다.
ⓒ국가기록원

1977년 11월 30일 농수산부 회의실에서는 우리나라 쌀 7만 톤을 인도네시아에 대여하는 조인식이 체결되었다. 인천항에서 인도네시아에 수출할 쌀을 선적하고 있다.

서 농촌 인구를 도시로 밀어내면서 산업 혁명을 이끌었던 인클로 저 운동 모두 녹색혁명으로 일컬어지는 사건들이다.

그러나 20세기의 녹색혁명은 과거의 녹색혁명과는 차이가 크다. 역사적으로 볼 때, 1950년부터 20년 동안의 시기만큼 식량 생산량이 증가한 때는 없었다. 개발도상국의 곡물 생산량은 1961년부터 1985년 사이에 두 배나 증가했다. 6·25 전쟁을 겪은 후 만성적인 가난에 시달렸던 우리나라에서도 1977년에 이르러서는 쌀을 수출할 수 있었다.

절정기를 맞았던 중세 농촌이 급작스럽게 붕괴하고 산업혁명으로 대규모 기업식 농업이 등장한 것처럼, 20세기의 녹색혁명에도 정치·사회적인 요인이 있었다. 가장 큰 요인은 냉전이었다. 당시 미국과 구소련 사이의 체제 경쟁이 심화되면서 두 나라는 어느 진영에도 속하지 않은 개발도상국을 서로의 진영으로 끌어들이려고 안간힘을 썼다. 그 노력의 일환이 바로 식량, 한편이 되면 굶지 않으리라는 약속이었다. 특히 양 진영에서 첨예하게 부딪히는 지역인 동남아시아의 신생 독립국들은 그야말로 '식량 전쟁'의 무대였다.

식량을 앞세운 이념 전쟁은 미국의 경제학자 월트 로스토Walt Whitman Rostow를 중심으로 한 학자들의 이론에 기반을 둔다. 이들은 도시화가 충분히 이루어지지 않은 개발도상국에서는 공산주의의 기반이 농촌이라는 데 주목했다. 개발도상국의 농촌에 농업 기술을 지원함으로써 농업 생산량을 높이고 빈곤을 해결한다면 공산 혁명

1960년대 초반 미국의 생물학자 노먼 볼로그Norman Borlaug는 선택 교배를 통해서, 줄기 대신 먹을 수 있는 낟알을 만드는 데 대부분의 에너지를 투입하는 난쟁이밀을 개발하였다. 이 난쟁이밀은 밀의 생산량을 극적으로 늘리며 녹색혁명의 시초가 되었고, 세계의 식량 문제를 해결하는 데 크게 기여하였다.

이 일어날 확률이 줄어들 것이며, 늘어난 식량을 발판삼아 산업화를 안정적으로 수행해서 우호국의 경제력도 향상시킬 수 있다.

이러한 배경에 따라 미국은 개발도상국의 농업을 지원하는 데 노력을 기울였다. 특히 많은 시간과 예산이 필요해서 개발도상국이 감당하기 어려운 신품종 개발이 적극적으로 이루어졌다. 대표적인 사례가 1960년대 초 미국 록펠러 재단의 후원으로 멕시코 정부와 협력하여 개발된 '난쟁이밀'이다.

곡물의 알곡이 많을수록 좋을 것 같지만 꼭 그렇지만도 않다. 알곡의 양만 무작정 늘어나면 줄기가 알곡의 무게를 버티지 못하고 처져서 수확성이 나빠지기 때문이다. 난쟁이밀은 줄기가 짧고 튼튼해서 이삭이 많이 달려도 주저앉지 않으므로 기존의 품종보다 더 크고 많은 알곡을 여물게 할 수 있다. 경작지 면적당 생산성이 높은 난쟁이밀은 멕시코를 시작으로 세계 각지로 빠르게 퍼져나갔다. 1963년까지 멕시코 밀 수확량의 95%는 난쟁이밀이었으며, 그 해 멕시코의 밀 수확량은 1944년 수확한 양의 여섯 배에 달했다. 멕시코는 밀을 자급하고도 남아서 다른 나라로까지 수출하기 시작했다.

난쟁이밀을 도입한 각국의 농업 생산량은 껑충 뛰어올라 남아메리카와 아시아의 인구 성장에 크게 기여했다. 난쟁이밀에 이어 1960년대 중반에는 여러 품종의 난쟁이벼가 개발되어 쌀 생산량도 크게 증가했다. 난쟁이밀 육종 기법이 쌀과 같은 다른 중요한 곡물들에도 적용된 것이다. 한때 우리나라의 쌀 생산량 증가를 이끌었던 통일벼도 1960년대에 개발된 난쟁이벼를 한국과 일본, 타

멕시코 푸에블라(Puebla) 지역의 이스타치후아틀(Iztaccíhuatl) 화산 부근 밀 수확(2017년)

이완에서 주로 먹는 벼인 자포니카(japonica)[1] 품종과 교배시켜 개발한 것이다.

신품종 개발과 함께 '과학적'인 영농법도 빠르게 보급됐다. 세계 어느 지역에서든, 농부들은 오랜 경험을 바탕으로 자신만의 지혜를 쌓아 왔다. 이러한 지혜는 전통적인 경작 환경에서는 쓸모가 있었지만 식량 소비량이 빠르게 증가하고 신품종이 속속 개발되는 현대적인 영농에는 적용하기 어렵다. 전통적인 영농 환경에서는 새로 개발된 품종을 도입해 재배하더라도 재래 품종과 별다를 바 없거나 오히려 못한 경우도 많았다. 자연히 신품종을 받아들인 농민은 영농법 역시 현대화하며 새로운 환경에 적응해야 했다. 새로 개발된 품종은 과학적이고 체계적인 관리가 뒷받침되어야 높은 생산성을 낼 수 있었기 때문이다.

이러한 노력에 힘입어 20세기 후반에 이르러 인류는 전 세계 인구가 먹고도 남을 식량을 생산하기에 이르렀다. 1961년 7억 4100만 톤이었던 전 세계 작물 수확량은 1985년에 16억 2000만 톤으로 두 배 이상 늘어났다. 농경지의 면적을 크게 넓히지 않았음에도 단위 면적당 생산량을 늘렸기에 가능한 성과였다. 오늘

---

1  주로 한국과 일본, 유럽, 중국 북부에서 먹는 쌀. 일본의 자포니카 지역이 원산지이기 때문에 '자포니카'라는 품종명이 되었다. 자포니카 벼는 잎의 폭이 좁고 짙은 녹색을 띠며, 줄기가 유연해서 잘 부러지지 않고, 쌀알의 길이는 짧고 통통하다. 다른 품종에 비해 낱알이 가볍고 전분 성분인 아미로스가 적기 때문에 점성이 높아서 밥을 지으면 윤기가 흐르면서 찰진 식감을 준다.

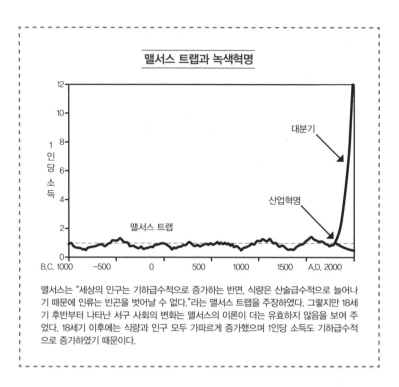

### 맬서스 트랩과 녹색혁명

맬서스는 "세상의 인구는 기하급수적으로 증가하는 반면, 식량은 산술급수적으로 늘어나기 때문에 인류는 빈곤을 벗어날 수 없다."라는 맬서스 트랩을 주장하였다. 그렇지만 18세기 후반부터 나타난 서구 사회의 변화는 맬서스의 이론이 더는 유효하지 않음을 보여 주었다. 18세기 이후에는 식량과 인구 모두 가파르게 증가했으며 1인당 소득도 기하급수적으로 증가하였기 때문이다.

날에는 세계 인구를 모두 먹여 살릴 수 있을 만큼 많은 농작물이 생산된다. 100여 년 넘게 인류의 미래를 위협하던 맬서스 트랩(Malthusian Trap)[2] 이 완전히 깨진 것이다.

---

2 맬서스가《인구론》을 통하여 주장한 이론으로, 인간의 기술 발전은 임금 증가, 식량 생산량 증가, 위생 여건 증진 등을 발전시키고, 이는 결국 인구 증가를 일으키며 이것이 다시 위생 악화, 질병 발생 증가, 전쟁 등으로 다시 인구 감소가 일어나고 이것이 무한적으로 반복된다는 이론. 이러한 악순환이 지속적으로 발생하는 것을 덫에 갇힌 것에 비유하여 '맬서스 트랩'이라고 한다.

# 잡종에 밀려버린 순종

녹색혁명의 주역은 19세기 말엽부터 인구의 폭발적인 증가를 불러온 비료와 살충제였다. 그러나 이것만이 전부는 아니었다. 엄밀히 말하면, 20세기 중반의 녹색혁명은 선진국의 현대적 농업이 전 세계로 확산되는 과정이라고 이해할 수도 있다. 물론 유럽과 마찬가지로 비료와 살충제는 20세기 개발도상국의 농민에게 생소한 물건이 아니었다. 유럽에서 화약의 원료로 사용하느라 애지중지하던 초석도 동아시아에서는 비교적 얻기 쉬운 편이었고, 열대 지역의 해안에서는 새똥이 암석처럼 굳은 물질인 구아노를 이용해서 질소를 공급할 수도 있었다.

유럽식 영농의 다른 점은 바로 '종'이었다. 인류가 재배하는 작물은 야생종과는 많은 차이가 있다. 어떤 작물이든 그 기원이 된 야생종은 수확량도 적고 생산품도 맛이 없는 경우가 많다. 그러나 인류는 '먹을 것의 일부를 남겨 다음에 먹을 것을 준비한다.'라는 농경의 원리를 터득한 이후, 가장 좋은 개체를 먹지 않고 이듬해 농사의 재료로 남겨 두는 지혜를 발휘해 왔다. 이러한 선택이 수천 년 동안 거듭되면서 재배종은 야생종과 확연히 달라졌다.

유럽에서 시작된 육종 기술은 여기에서 한 걸음 더 발전했다. 19세기 후반 그레고어 멘델Gregor Mendel이 유전 법칙을 발견하고

선택교배의 대표적인 성공사례인 개.모든 개는 늑대라는 공통 조상에서 분화했지만,현재는 여러 품종이 같은 종이라고 믿기 어려울 만큼 형질이 다양하다.

체계화하면서 생물의 형질이 다음 세대에 전해지는 과정이 밝혀졌다. 멘델의 법칙에 따르면 유전 형질은 독립적으로 다음 세대에 전해진다. 이러한 원리에 따라 병에 강하지만 맛이 없는 작물과 맛은 있지만 병에 약한 작물을 교배시키면 두 가지 형질이 섞여 적당히 튼튼하고 적당히 맛있는 어중간한 종이 나오는 것이 아니라, 각각의 형질 중 장점만 취하여 '병에도 강하고 맛도 좋은 품종'이 나올 수 있다는 뜻이다.

멘델의 법칙은 분명하게 예측할 수 있는 인위적 육종의 가능성을 열었다. 이와 함께 이후 유전학이 발전하면서 서로 다른 형질의 개체를 교배시켜 새로운 품종을 만드는 '교배 육종'이 본격적으로 시작됐다. 교배 육종은 인위적으로 잡종을 만들어 다양한 장점을 한데 모은 품종을 만들어 내는 방법이다. 교배 육종은 불과 100여 년 전에 등장했지만 신석기 시대부터 산업 혁명에 이르는 기간에 등장한 품종보다 더 많은 품종을 개발할 수 있게 했다.

녹색혁명을 가능케 한 대부분의 작물도 교배 육종의 산물이다. 20세기 들어 국가 간의 교류가 활발해지면서 세계 여러 지역의 농작물이 복잡하게 교잡됐고 새로운 종들이 탄생했다. 인류를 기아에서 구출한 공로로 육종학자인 노먼 볼로그에게 노벨 평화상을 안겨 준 난쟁이밀 '소노라(Sonora)'도 멀리 떨어져 있던 품종들을 교잡한 결과다.

난쟁이밀은 그야말로 전세계적인 교잡의 상징이나 마찬가지인 품종이다. 난쟁이밀의 조상은 한국의 토종 밀인 '앉은뱅이밀'이다. 기원전 300년부터 한반도에서 재배되어 온 이 밀은 다른 밀보다 작고 글루텐 함량이 적어서 쉽게 바스러지는 것이 특징이다. 앉은뱅이밀은 일제 강점기 동안 일본의 육종학자들의 손에 들어가 1914년 키가 작다는 뜻인 '달마(達摩, 다루마)'라는 품종으로 개량됐

국내 토종 밀 품종 중 '앉은뱅이밀'은 1m에 달하는 서양 밀보다 50~80cm로 작지만 키가 작고 줄기가 튼실하여 많은 낟알을 달고도 쓰러지지 않는다. 일본에서는 1905년 수확량이 많고 병충해에 강한 앉은뱅이밀을 일본으로 들여가 '농림 10호'로 육종했다. 지금은 세계 제일의 밀 수출국이 된 미국 밀의 기원이 바로 우리의 앉은뱅이밀이었다. ©slowbox.kr

다. 일본의 육종학자들은 달마를 다시 미국의 품종과 교배시켜 이삭이 크고 줄기가 굵은 '농림 10호'를 개발하는 데 성공한다.

농림 10호의 생산성에 주목한 미국인들은 제2차 세계대전이 끝난 후 농림 10호를 미국으로 들여와 여러 품종으로 개량하여 기존에 재배하던 것보다 40%나 늘어난 수확량을 얻는 데 성공했다. 소노라는 농림 10호의 교배종 중 가장 성공적인 사례로서, 1960년대 멕시코와 인도, 파키스탄 사람들을 기아에서 구해 냈다. 한국산 앉은뱅이밀[3] 의 후손이 세계 인구의 절반 이상을 먹여 살린 셈이다. 앉은뱅이밀의 후손은 지금까지도 미국에서 재배되는 밀의 90% 이상을 차지한다.

교배 육종에 가장 필요한 것은 시간이었다. 교배 육종은 교배시킨 개체에서 나온 후손 중 원하는 형질을 지닌 것만 골라낸 후 반복해서 교배시키는 방법이다. 그런데 일반적으로 교배의 과정을 통하여 나온 후손의 형질은 고르게 나타나지 않는다. 멘델의 유전 법칙에 따라 나타나지 말아야 할 형질이 나타나기도 하며, 유전자 발현 과정의 복잡성 때문에 예상치 못한 형질이 드러나기도 한다. 따라서 교배시킨 품종의 종자가 언제나 원하는 형질을 나타

---

3  기원전 300년 무렵부터 재배한 한국 토종 밀. 미국의 값싼 수입 밀이 대량으로 유입되자 1984년에 정부가 밀 수매를 중단함에 따라 국내 밀 생산 기반이 급격히 무너져 한때 멸종 품종으로 취급받기도 했다. 이후 농촌진흥청이 이 품종을 되찾기 위해 노력을 거듭하였고, 사라져가는 종자와 음식을 지키는 슬로푸드 프로젝트의 '맛의 방주(Ark of Taste)'에 앉은뱅이밀이 등재된 뒤 언론의 주목을 받아 2013년 90t이던 생산량이 2017년에는 300t까지 이르게 되었다.

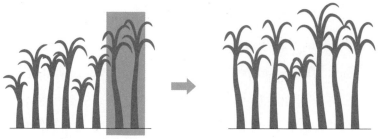

선택교배의 개념도. 자손 중 목표로 한 형질에 가장 가까운 것만 선별해서 교배하기를 반복한다.

내게 하려면 여러 대 동안 교배종을 계속 근친 교배시켜야 한다. 이 과정을 형질 '고정'이라고 하며, 제대로 형질이 고정되어야 상품성을 지닌 품종이 된다.

당연히 이 과정에는 많은 시간이 걸린다. 대체로 한 품종이 탄생하기까지는 10~15년 정도 걸리며, 시행착오도 적지 않다. 우수한 형질을 지녔다고 생각해서 교배했지만 전혀 예측하지 않았던 불리한 형질이 나오는 경우도 흔하다.

더 큰 문제는 육종 기술이 충분히 발달한 현 시점에서 교배 육종에 사용할 만한 품종이 별로 남아 있지 않다는 것이다. 100년 남짓한 기간 동안 과학자들은 교배시킬 수 있는 품종은 거의 다 교배시킨 상황이다. 농업 생산력을 지금보다 더 끌어올리려면 무언가 다른 방법이 필요했다.

# 가위와 풀과 DNA

1953년, 과학 학술지 〈네이처〉에 두 명의 젊은 과학자가 쓴 석 장짜리 짧막한 논문이 실렸다. 논문은 손으로 직접 그린 분자 구조만 아무 설명도 없이 있을 뿐, 데이터라고는 전혀 없는 거칠고 볼품없는 내용이었다. 그러나 이 허술해 보이는 논문이 이후 생물학을 완전히 바꿔 놓았다.

제임스 왓슨James Dewey Watson과 프랜시스 크릭Francis Harry Compton Crick, 더 공정하게 말하자면 로절린드 프랭클린Rosalind Elsie Franklin과 모리스 윌킨스Maurice Hugh Frederick Wilkins의 연구로 DNA의 분자 구조가 규명되었다. 이로 인해 생물의 형질을 직접 조작할 수 있게 되었으며 유전학과 분자 생물학의 결정적인 기초를 만들었다.

20세기 초의 과학자들은 유전 법칙을 바탕으로 어버이로부터 자손에게 형질을 전해 주는 무언가가 있으리라고 추측하고 이를 '유전자'라고 불렀다. '유전자'라는 명칭은 1909년 덴마크의 유전학자 빌헬름 요한센(Wilhelm Johannsen)이 처음 사용했다. 이어서 생화학의 발전에 따라 유전자의 실체가 DNA임이 규명됐지만 DNA가 실제로 어떻게 작동하는지는 여전히 미지수였다. 그러던 중 DNA의 구조가 밝혀지면서 유전의 구체적인 양상이 분자 수준에서 낱낱이 해명될 수 있었다. 특히 크릭은 현대 생물학의 기초인 '센트럴 도그마(central dogma)⁴'를 제창하여 현대 분자 생물학의 기초를 확립하였다.

센트럴 도그마란 DNA의 정보를 RNA(Ribonucleic acid)⁵가 복사해서 세포질로 전달하고, RNA의 정보를 리보솜이 읽어들여서 단백질을 합성한다는 아이디어를 말한다. 비유하자면 핵 속에는 생명현상에 필요한 부품의 설계도가 모여 있고, 부품이 필요해지면 설계도의 복사본을 핵 밖으로 빼내서 아미노산을 재료삼아 단백질 부품을 만든다는 뜻이다. 생명 현상은 효소가 매개하고 효소는 세포에서 합성된 단백질로 이루어지므로, 센트럴 도그마는 유전정보로부터 형질이 발현되기까지의 경로를 명쾌하게 설명했다.

생명 현상이 분자 수준에서 규명되자, 과학자들은 유전정보를 편집함으로써 생명 현상을 원하는대로 조절할 수 있으리라고 생각했다. 생명의 설계도라 할 수 있는 DNA를 사람이 직접 수정할 수 있다면 특정한 생명 현상이 일어나게 유도할 수 있다는 아이디어였다. 유전자를 직접 편집하면 원하는 형질을 지닌 개체를 교배

---

4 문자대로 해석하면 '분자 생물학의 중심 원리'라는 뜻이다. 센트럴 도그마 가설에 따르면, DNA의 유전정보는 RNA를 거쳐 단백질로 전달되며, 그 반대 방향으로는 전달되지 않는다.

5 뉴클레오티드(nucleotides)라는 단위체로 구성된 중합체인 핵산의 한 종류. 지방, 단백질, 탄수화물과 더불어 생명체를 이루는 주된 물질이다. 염기와 리보오스(5탄당)와 인산기가 결합된 폴리머로 유전자 정보를 매개, 유전자 발현의 조절 등에 관여한다. 같은 핵산인 DNA가 대부분 염기쌍을 이루는 데 비해 RNA는 염기쌍을 이루지 않고 작용하는 경우가 많다.

# 센트럴 도그마 개념도

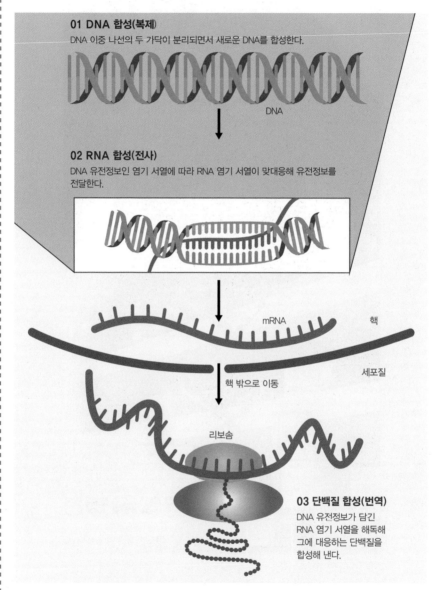

## 01 DNA 합성(복제)
DNA 이중 나선의 두 가닥이 분리되면서 새로운 DNA를 합성한다.

DNA

## 02 RNA 합성(전사)
DNA 유전정보인 염기 서열에 따라 RNA 염기 서열이 맞대응해 유전정보를 전달한다.

mRNA

핵

핵 밖으로 이동

세포질

리보솜

## 03 단백질 합성(번역)
DNA 유전정보가 담긴 RNA 염기 서열을 해독해 그에 대응하는 단백질을 합성해 낸다.

생물체의 DNA 분자가 유전정보를 저장하고 복제하여 단백질을 합성하는 과정을 '센트럴 도그마'라고 한다. DNA를 합성하는 복제, RNA를 합성하는 전사, 단백질을 합성하는 번역 순서로 진행된다.

스페인 발렌시아의 펠리페 왕자 과학박물관에 있는 이중나선 기념물. 분자생물학의 발전과 함께 다양한 종의 유전체 지도가 완성되면서 선택교배의 지난한 과정을 단축할 수 있는 길이 열렸다.

시켜 형질이 고정되기까지 교배를 거듭할 것 없이 필요한 형질만 유전자에 집어넣어서 새로운 품종을 만들 수 있을 것이다. 물론 유전자의 발현 과정은 무척 복잡하므로 실제로 원하는 품종이 나왔는지 검증하는 과정이 필요하지만 개체를 교배시킬 때보다 훨씬 정확하게 필요한 형질만 주입할 수 있다. 기존의 육종학을 완전히 바꿔 놓는, 혁신적인 아이디어다.

문제는 어떻게 유전자를 마음대로 편집할 수 있을 것인가다. DNA는 대단히 안정된 분자다. 유전자를 편집하려면 DNA의 결합을 억지로 끊고 다른 DNA 사슬을 끼워 넣어야 한다. 잘 지워지지 않는 지우개로 설계 도면의 일부를 지우고 새로 그려 넣는 것과 비슷하다.

DNA를 분자 단위로 정교하게 잘라서 이어 붙이는 방법은 무엇일까? 해결의 실마리는 전혀 엉뚱한 곳에 있었다. DNA를 다루는 기술은 사람보다도 박테리아와 바이러스가 먼저 익혔다. 바이러스는 숙주 세포의 DNA 일부를 잘라 자신의 유전자를 끼워 넣는 방식으로 번식한다. 한편 박테리아는 다른 개체로부터 유전자를 전달받아 자신의 유전정보에 추가하는 방식으로 생존에 필요한 형질을 얻는다. 이를 위해 박테리아는 '교환용' DNA 사슬인 '플라스미드(plasmid)[6]'를 본래의 DNA와 별도로 갖고 있다.

---

6   염색체와는 별개로 존재하며 자율적으로 증식하는 유전자를 통틀어 이르는 말. 세포 내에서 다음 세대로 안정하게 유지되고 전달된다.

과학자들은 박테리아와 바이러스를 연구하여 유전자를 편집하는 방법의 단서를 얻었다. 바이러스가 숙주의 DNA에 자신의 유전자를 끼워 넣는 메커니즘과 박테리아가 DNA를 교환하는 방법을 이용할 수 있다면 원하는 형질만 정확하게 추가하는 것도 가능할 것이다. 이를 실현하려면 두 가지가 필요했다. 우선 원하는 부위만 골라 DNA를 잘라 내는 가위가 있어야 했고, 잘라 낸 DNA에 유전자를 끼워 넣은 후 다시 붙일 풀이 필요했다. 이 과정은 모두 효소에 의해 일어나므로 가위와 풀 역할을 할 효소를 찾는 것이 선결 과제였다.

　　가위는 1960~1970년대에 걸쳐 발견됐다. 스위스의 세균학자인 베르너 아르버Werner Arber는 DNA를 잘라 내는 효소를 발견하고 여기에 '제한 효소'라는 이름을 붙였다. 아르버가 발견한 효소는 DNA가 잘리는 위치를 정확히 예측하기 어려워서 본격적인 편집에 사용할 수 없었지만 미국의 미생물학자인 해밀턴 스미스Hamilton O. Smith가 박테리오파지(bacteriophage)[7] P22를 연구하다가 특정 부위만 잘라 내는 '가위'를 발견하는 데 성공했다. 박테리오파지 P22는 박테리아를 숙주로 삼는 바이러스의 일종이다.

　　DNA의 염기 서열 중 특정 부위만 절단하는 제한 효소를 '제2형' 제한 효소라고 하는데, 편집하려는 유전자의 염기 서열과 유전 정보에 대응하는 표현형을 모두 알면 제2형 제한 효소를 이용해서

---

7　박테리아를 숙주 세포로 하는 바이러스를 통칭하는 말.

베르너 아르버    대니얼 네이선스    해밀턴 스미스

1978년 노벨 생리의학상 수상자 © nobelprize.org

필요한 형질만 정확하게 골라낼 수 있다. 이 작업은 미국의 생물학자인 대니얼 네이선스Daniel Nathans가 처음으로 시도했다. 네이선스는 스미스가 발견한 효소로 SV40이라는 바이러스의 유전자에서 절단 부위를 찾아 지도로 만들었다. 아르버, 스미스, 네이선스는 이 공로로 1978년 노벨 생리의학상을 공동 수상했다.

## 생명을 편집하는 시대

도구가 마련되었으므로 이제는 실제로 생물의 형질을 편집할 수 있는지 입증할 차례다. 제2형 제한 효소를 발견한 것은 분명 거대한 진척이었지만 여전히 의구심은 남았다. 아직까지는 바이러스와 박테리아에서만 작동 여부를 확인했을 뿐이기 때문이다. 세포 구조와 생물학적 특성이 다른 진핵생물에도 제대로 작용할지는 미지수였다. 우선 재조합된 DNA를 어떻게 구별해 낼지부터 문제였다. 유전자 편집이 개체의 형질에 어떤 영향을 주는지 확인하려면 편집된 유전자를 지닌 개체를 보통의 개체와 비교해야 했다.

단서는 항생제였다. 1973년 미국 스탠퍼드대 교수인 스탠리 코헨Stanley N. Cohen은 대장균의 플라스미드를 연구하고 있었다. 플라스미드는 박테리아의 전체 유전자와 별도로 존재하는 고리형 DNA 사슬로, 개체 간 유전정보를 주고받는 매개체 역할을 한다. 코헨은 플라스미드 중 상당수가 항생제에 대한 내성을 나타내는 데 중요한 역할을 한다는 사실을 발견했다. 비슷한 시기 미국 캘리포니아대 샌프란시스코캠퍼스(UCSF) 교수인 허버트 보이어Herbert Boyer는 대장균에 감염되는 바이러스로부터 대장균의 플라스미드에서 특정 위치만 절단하는 제한 효소인 EcoRI를 발견했다.

학회에서 우연히 만나서 의견을 나눈 코헨과 보이어는 자신들의 성과를 결합하면 유전자를 재조합해서 선별할 수 있음을 깨달았다. 이론상으로는 서로 다른 DNA를 EcoRI로 자르면 절단된 부분의 형태가 동일하므로 서로 결합시킬 수 있어서 대장균의 플라스미드에 어떠한 DNA라도 끼워 넣을 수 있으리라는 아이디어였다. 즉, 두 개의 레고 작품이 서로 다른 데서 왔더라도 같은 블럭을 사용한 부분끼리 이어 붙일 수 있는 것과 같다. 이때 항생제 내성을 지닌 플라스미드를 이용하면 항생제 처리로 플라스미드가 없는 개체만 죽여서 재조합된 플라스미드를 지닌 개체만 남기고, 이들의 생리적 특성만 따로 확인할 수 있다.

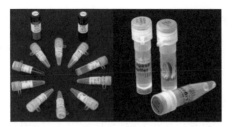

DNA를 자르는 '가위'인 제한 효소(왼쪽)와 붙이는 '풀'인 연결 효소(오른쪽) ⓒ 동아일보

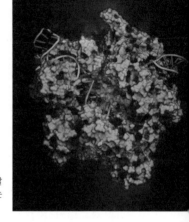

4세대 유전자 가위로 각광받는 크리스퍼-카스9 분자. 크리스퍼의 발견으로 유전자를 염기 단위로 조작할 수 있게 되었다. 선택 교배로는 만들기 어려운 형질을 지닌 종까지 창조할 가능성이 열린 것이다.

두 사람은 아프리카두꺼비의 유전자와 대장균의 플라스미드를 EcoRI로 절단하고, 절단면을 이어 붙여서 두꺼비 유전자를 지닌 플라스미드를 만들었다. 그리고 재조합 유전자를 대장균에 삽입하자 대장균이 플라스미드에 있는 두꺼비의 DNA 정보를 이용해서 두꺼비의 단백질을 합성하기 시작했다. 유전자를 편집해서 원핵생물인 대장균이 진핵생물의 형질을 나타내게 한 것이다.

유전자 재조합은 생명의 형질을 사람의 의도대로 편집할 수 있다는 사실을 보여 주었다. 이후 다양한 유전자 가위가 발견되어 자를 수 있는 부위가 늘어나면서 유전자 재조합은 더 정교해졌다. 현대의 크리스퍼(CRISPR) 기술에 이르면 어떤 부위든 원하는 대로 정확하게 절단할 수 있어서 이전과는 비교할 수 없을 만큼 세밀한 편집이 가능하다.

# 맞춤 제작 동식물

ⵌ

　박테리아 유전자 편집에 성공했다는 소식이 알려지자 과학자들은 동물과 식물 유전자도 편집할 수 있을지 관심을 기울이기 시작했다. 특히 새로운 형질을 지닌 품종이 절실한 농산물 기업이 큰 관심을 보였다. 1982년, 세계적인 농업 기업인 몬샌토(Monsanto Company)에서는 연구진을 동원하여 유전자 편집 담배를 개발하는 데 성공했다. 이들은 식물의 뿌리에서 혹을 유발하는 '아그로박테리움(Agrobacterium)[8] '을 이용했다. 아그로박테리움은 식물 뿌리에 감염되는 과정에서 자신의 유전자를 숙주 DNA에 삽입한다. 몬샌토의 연구진은 항생제 내성이 있는 플라스미드에 원하는 유전자를 재조합해서 선별한 후, 이렇게 만든 재조합 플라스미드를 아그로박테리움에 주입해서 식물의 DNA에 원하는 유전자가 삽입되도록 유도하였다.

　1987년에는 더 진보된 방식이 개발됐다. 유전자 조각을 대상 세포에 강한 힘으로 쏘아 보내 유전자 재조합을 유도하는 '유전자 총' 방법이다. 유전자 총을 이용하면 아그로박테리움 감염에 따른

---

8　흙 속에 사는 운동성을 가진 세균의 하나. 식물의 줄기나 뿌리에 감염하여 비정상적인 성장을 유발함으로써 커다란 혹을 형성하게 한다. 암을 유발하는 플라스미드를 가지고 있어 식물체의 상처 따위를 통하여 감염하여 조직 세포의 이상 증식을 유발한다.

의도하지 않은 효과를 방지할 수 있으므로 정확한 결실을 얻는 데 쓸모가 있었다. 유전자 총 개발로 식물의 유전자 재조합에 가속도가 붙기 시작했다.

1994년에 이르면 그간 개발된 식물 유전자 편집 기술을 이용한 상업용 품종이 개발되기에 이른다. 미국의 식품 회사인 '칼젠(Calgene)'이 상처가 잘 나던 기존 토마토의 단점을 개량한 '무르지 않는 토마토'를 개발했다. 이 토마토는 '플레이버 세이버(Flavor Saver)'라는 상표명을 붙이고 미국에서 최초로 판매됐다. 1995년부터는 유전자 재조합으로 개발된 작물이 속속 탄생해서 현재 재배되는 콩과 옥수수의 대부분은 이 시기에 개발된 유전자 재조합 종자가 차지하기에 이르렀다.

한편 유전자 재조합 작물도 세대를 거듭하면서 그 목표가 확장됐다. 초기 유전자 재조합 작물은 생산성을 높이는 데 초점이

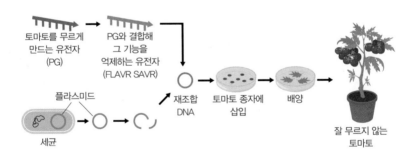

유전자 조작 작물을 만드는 방법. 박테리아의 플라스미드를 이용해 표적 유전자를 대량 복제하고 이를 목표 적물에 '유전자 총'과 같은 방법으로 주입한다. 유전자의 필요한 부위만 가려내서 주입하므로 형질 변화를 비교적 정확히 예측할 수 있다. ⓒUniversity of Utah

현재 유통중인 콩 대부분은 유전적으로 조작된 작물이다. 유전공학의 신기술은 콩이나 옥수수처럼 다양한 용도로 활용돼 고도로 상업화된 작물들에 제일 먼저 적용됐다.

맞춰져 있었다. 그러나 2000년 개발된 '황금 쌀'은 비타민 A를 강화하여 상품 가치를 높인 작물이었다. 녹색혁명이 어느 정도 궤도에 올라 식량을 증산할 필요가 줄어들자 무작정 많이 생산하기보다 작물의 부가가치를 높이는 쪽으로 개발 방향이 선회된 것이다. 향후에는 백신이 포함되거나 콜레스테롤을 낮추는 성분이 들어가는 등 약리적 효능까지 갖춘 작물이 개발될 전망이다.

동물에서도 새로운 품종이 등장했다. 동물의 유전자 재조합은 식물보다 조금 이른 편이었다. 1974년에는 미국 매사추세츠 공대의 루돌프 재니시Rudolf Jaenisch가 쥐의 유전자에 인위적으로 새로운 유전자를 주입한 '형질전환 쥐'를 만드는 데 성공했고, 이어 1989년에는 특정한 유전자만 제거한 '넉아웃(Knock-out)' 쥐가 탄생했다. 동물의 형질전환은 특별한 형질을 지닌 실험용 동물을 생산하는 데 주로 사용됐지만, 혈액 응고 단백질이 함유된 젖을 분비하는 염소처럼 특정 물질을 얻거나 성장 촉진 인자가 삽입된 연어

등 생산성을 높이는 데에도 기여했다.

유전자 재조합 품종은 기존의 육종법으로는 상상할 수 없던 새로운 품종을 가능케 했다. 기존의 육종법으로는 같은 종의 형질만 활용할 수 있었다. 단단한 토마토를 얻고 싶으면 맛이 없고 작더라도 단단한 토마토가 있어야 했다. 그러나 유전자 재조합을 이용하면 서로 다른 종, 심지어는 분류상 '계'가 다른 생물의 형질도 도입할 수 있다. 박테리아의 항생제나 화학 물질 저항성을 농작물에 주입해서 특정 제초제에 내성을 지닌 작물을 생산하거나, 사람의 인슐린을 돼지가 만들어 내게 하는 것도 가능하다.

여러 기업에서 유전자 재조합 종자 생산에 뛰어들면서 일종의 '결합 상품'도 등장하기 시작했다. 미국이나 러시아에서 이루어지는 대규모 영농은 농작물의 재배 면적이 넓어서 넓은 지역에 비료나 농약을 살포해야 한다. 이러한 환경에서는 잡초가 많은 곳에만 집중적으로 제초제를 뿌린다거나 영양이 부족한 곳에 특정 비료를 더 주어 작물의 생장을 세밀하게 관리하는 것은 거의 불가능하다. 따라서 일부 작물은 제초제 때문에 말라 죽거나 특정 영양소가 부족하여 제대로 자라지 못하는 '부수적인 피해'가 발생하곤 한다. 그러나 A라는 특정 제초제에만 내성을 지닌 작물을 개발해서 재배한다면 어떨까? 이 작물을 재배하는 농지에는 부수적인 피해 걱정 없이 A 제초제를 사용할 수 있을 것이다. 기업 입장에서도 A 제초제와 제초제 저항성 작물을 함께 판매하여 더 많은 매출을 올릴 수 있다는 장점이 있다.

넓게 펼쳐진 콩밭. 상품성 작물은 최소한의 투자로 최대한의 소출을 이끌어내야 한다. 따라서 작물들의 유전적 동일성이 클수록 유리하다. 대규모 농업에 적합하기 때문이다. 유전학적 기술이 없었더라면 이처럼 거대한 농장을 효율적으로 운영하기는 어려웠을 것이다.

　　이러한 작물의 대표적 사례가 '라운드업 레디(Roundup Ready)' 작물이다. '라운드업 레디'란 '라운드업'이라는 이름의 제초제를 뿌려도 죽지 않는 작물을 말한다. 글로벌 농산물 기업인 몬샌토에서는 '글리포세이트'라는 물질을 이용해 라운드업이라는 제초제를 개발해서 판매했는데, 판매량은 그다지 신통치 않았다. 기존의 제초제와 크게 다르지 않은 탓에 농민 입장에서는 딱히 바꿀 이유가 없었던 것이다. 그런데 몬샌토의 연구진이 미국 루이지애나주의 공장 근처의 글리포세이트가 축적된 연못에서 생존하는 박테리아를 우연히 발견하면서, 라운드업의 새로운 가능성을 찾아냈다.

　　연구진은 이 박테리아의 유전자를 작물에 도입하면 라운드업에 내성을 지닌 작물을 개발할 수 있을 것이라고 생각하고 이를 실행에 옮겨 1996년 라운드업 레디 콩과 옥수수를 제품으로 출시하였다. 이 작물은 라운드업에 내성을 지녔으므로 거대한 농장에 라운드업을 골고루 살포하더라도 작물에는 피해 없이 잡초만 제거할 수 있었다. 라운드업 레디 작물에 라운드업을 함께 사용하면 작물 관리가 한결 간편해졌기에 이 콩과 옥수수는 곧 큰 인기를 얻고 판매량이 급증했다.

라운드업 레디를 비롯한 유전자 재조합 작물이 늘어나고 식탁에도 오르기 시작하면서 이러한 작물을 지칭하는 말로 'GMO(Genetically Modified Organisms)'라는 용어가 탄생했다. 유전적으로 조작된 생명체라는 뜻이다. GMO 작물은 첫 선을 보인 이후 급속하게 보급됐으며, 2021년 현재에도 지속적으로 늘어나고 있다.

오늘날 GMO 작물 재배 면적은 계속 확대되어 2018년 기준으로 24개 국가에 면적도 1억 8980만 헥타르(ha)에 달한다. 우리나라의 국토 면적보다 19배나 넓은 농지에서 GMO가 재배되는 것이다. 특히 2008년 곡물 가격이 폭등했을 때 GMO의 지분이 크게 늘어났다. 당시 옥수수와 콩, 밀과 같은 곡물의 국제 거래 가격이 1년 사이에 두 배 가까이 뛰어오른 데 비해, 일반 곡물에 비해 저렴한 비용으로 더 많은 양을 생산할 수 있는 GMO 곡물은 20% 이상 저렴한 가격을 유지했다. 곡물 파동을 계기로 생산성과 경제성이 높은 GMO에 주목하는 소비자와 기업이 늘어났고 현재도 해마다 재배 면적을 2% 이상씩 늘려 가고 있다.

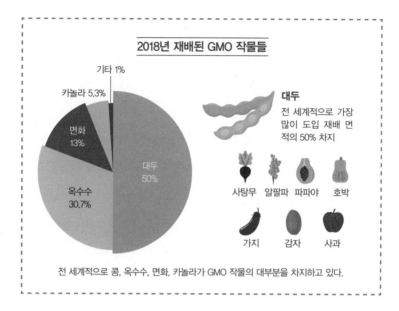

**2018년 재배된 GMO 작물들**

기타 1%

카놀라 5.3%

면화
13%

옥수수
30.7%

대두
50%

**대두**
전 세계적으로 가장
많이 도입 재배 면
적의 50% 차지

사탕무　알팔파　파파야　호박

가지　　감자　　사과

전 세계적으로 콩, 옥수수, 면화, 카놀라가 GMO 작물의 대부분을 차지하고 있다.

# GMO의 빛과 그림자

GMO가 끌어올린 생산성에 힘입어 전 세계 식량 생산량은 소
비량을 한참 넘어섰다. 관련 연구에 따르면, 현재의 식생활에서 육
식을 줄이는 방향으로 식생활 개선이 이루어진다면 2050년 예상
세계 인구인 97억 명을 먹여 살리기에도 충분한 양이라고 한다.
맬서스 트랩을 깨뜨린 수준을 넘어서서 전례 없이 풍요로운 시대
가 도래한 것이다. 현재 여러 곳에서 가능성을 타진하고 있는 도시

농장과 결합하면 생산량은 지금보다 더 증가할 것으로 전망된다. 우리나라 역시 손꼽히는 GMO 수입국이다. 2017년 국내 수입이 승인된 농업용·식용 GMO는 약 960만 톤 21억 달러 규모에 달한다. 식용 GMO 수입 규모는 세계에서 가장 큰 수준이다.

그러나 한편에서는 불안감도 점점 커져 가고 있다. 자연계에 존재하는 생물들은 오랜 진화 과정을 거쳐 생태계에 적응해 왔다. 바꿔 말하면, 현재의 안정된 생태계는 진화 과정을 통해 생물들이 서로의 균형을 이루어 온 결과물이다. 그런데 GMO는 자연계에 존재하지 않던 생물이므로 현재의 생태계에 미치는 영향이 아직 검증되지 않은 상태다. GMO가 생태계에 어떤 영향을 끼칠지 모른다는 뜻이다.

인체에 미치는 영향도 마찬가지다. 멀미에 대한 유력한 가설

'인공'은 종종 부정적인 뜻으로 통한다. 식량에 대해서도 마찬가지다. 유전정보가 조작된 GMO는 많은 사람들의 거부감을 낳았다. 사진은 2014년 로스앤젤레스에서 다국적 식량기업인 몬샌토에 반대하는 취지에서 열린 집회.

중 하나가 인류의 감각계가 교통수단의 급속한 발전을 따라잡지 못해 나타나는 증상이라는 것인데, 이는 외부 환경의 급격한 변화로 과거에 별로 존재하지 않던 '질환'이 생긴 사례다. 방향족 화합물에 의한 내분비계 교란이나 새로운 발암 물질이 등장하여 특정 암 발병률이 증가하는 것도 마찬가지이다. GMO 역시 인류가 오랜 세월 동안 섭취해 온 식량과는 분명히 다른 부분이 있기에 인체에 어떤 영향을 줄지 모르는 상황이다.

이러한 불안감은 자연스러운 현상이다. 식량처럼 인구 전체에 광범위한 영향을 주는 것에 대한 안전성 검증은 반드시 필요하다. 확실하게 안전하다고 입증되지 않는 이상 최악의 경우를 상정하고 조심하는 것도 문제될 것 없는 자세다. 실제로 GMO가 보편화되기 시작한 2000년대 들어 많은 전문가들이 GMO의 안전성에 대해 우려하는 의견을 내기 시작했다. 영국의학협회에서는 현 시점에서 GMO가 환경이나 인체, 건강에 심각한 위협인지 아닌지는 확인되지 않고 있으며, GMO의 부작용이 사실이라면 부작용에 의한 증상은 치료할 수 없다는 의견을 낸 바 있다.

GMO에 대해 경각심을 일으키는 연구 결과와 실제 사례도 나타났다. 일본 기업인 '쇼와덴코(Showa Denko)'에서는 유전자 재조합을 이용해 박테리아에서 필수 아미노산의 일종인 트립토판(tryptophan)을 얻는 데 성공했다. 쇼와덴코에서는 이를 건강식품으로 상품화했는데, 1989년 북미에서 이 제품을 사용한 사람 중 37명이 호산구근육통으로 사망한 사건이 일어났다. 사건 발생 후 시행된 독성 분석에서 쇼와덴코 제품의 99.6%는 순수 트립토판으로, 주성분에 문제가 있던 것은 아니었다. 독소로 작용한 물질은 전체 질량의 0.01%에도 미치지 못할 만큼 적은 함량이었다.

트립토판 사건이 시사하는 바는 크다. 사건을 일으킨 독소가 유전자 재조합 과정에서 나타난 것인지, 제조 공정상의 불순물인지는 분명하게 밝혀지지 않았다. 다만 정상적으로 독성 검사를 거친 제품인데도 사망에 이르는 피해를 냈다는 점이 중요한 문제였다. 이는 유전자 재조합으로 탄생한 제품에 기존 독성 검사보다 엄격한 기준을 적용해야 한다는 점을 보여준다.

1998년 발표된 유전자 변형 감자의 독성 연구도 논란거리이다. 영국 로웨트 연구소에서 낸 이 논문에서는 병충해에 저항성을 지닌 GMO 감자를 쥐에게 먹였을 때 면역계 손상이 나타났다고 보고했다. 이 실험은 많은 논란을 일으켰지만 실험 설계의 모

GMO 감자 개발에 참여한 장본인인 카이어스 로멘스Caius Rommens 박사는 GMO 감자의 위험성을 경고하고 있다. ⓒecofarmingdaily.com

호성 탓에 실험 결과를 재현하는 데에는 실패했다. 연구에서 주장하는 바가 객관적인 사실이 아닐 가능성이 높다는 뜻이다. 그러나 과학계에서 GMO의 잠재적인 위험성에 주목하고 관련 논의를 수면 위로 올리는 데 중요한 계기가 되었다.

GMO의 유해성을 암시하는 이들 연구들은 학계에서도 그 진위에 대해 논란이 분분하다. 다만 분명한 점은 유전자 재조합 기술을 적용할 때 생명의 복잡한 특성을 고려할 필요가 있다는 것이다. 생물의 유전자에는 '다면발현'이라는 특징이 있다. 다면발현이란 하나의 유전자가 두 가지 이상의 표현형에 영향을 주는 것을 말한다. 예를 들어 초파리에서 날개를 퇴화시키는 유전자는 수정낭의 모양, 수명, 생활력 등에 다양한 영향을 동시에 준다. 이는 날개의 퇴화에 따른 변화가 아니라 하나의 유전자에 의해 일어나는 독립적인 변화다.

다면발현은 생물에게서 흔히 볼 수 있는 현상으로, 유전자를 발현시키는 데 핵심적인 역할을 하는 유전자 부위인 '프로모터(promotor)'가 조건에 따라 다양한 방식으로 활성화되기 때문에 나타난다. 일부 과학자들은 유전자 재조합 과정에서 프로모터 역할을 하는 부분을 건드릴 경우 예상치 못한 형질 변화가 나타날 수 있다고 우려한다.

GMO의 독성 검사가 엄격해야 하는 이유도 여기에 있다. 식품에 대해 모든 종류의 독성을 검사하는 것은 비효율적이기에 생산 방법이나 가공 방법에 따라 예상되는 독성을 선별하고 이에 대해서 검사를 실시한다. 그런데 GMO는 제작 과정에서 예상하지 못한 변화가 일어날 가능성이 있으므로 발생할 수 있는 독성 피해를 정확히 예측하기 어려울 수 있다. 따라서 GMO 작물은 전통적인 교배 육종  작물에 비하여 폭넓은 안전성 검사가 필요하다는 것이다.

직접적인 독성 물질 외에도 위험 요소는 또 있다. 흔히 알려진 오해와 달리 GMO의 변형된 유전자나 변형 유전자에서 합성된 단백질은 체내로 전달되지 않는다. DNA나 단백질은 세포막을 통과할 수 없어서 소화 과정을 통하여 당류와 인산, 아미노산 등으로 분해되기 때문이다. 그러나 변형 유전자 중 일부는 미처 소화되지 않고 대장까지 전달될 수 있는데, 이 경우 장 속에서 사람과 공생하는 박테리아의 유전자에 영향을 줄 수 있다. 박테리아가 주변의 유전자를 흡수하여 소화하는 과정에서 '형질전환'이 일어날 수 있기 때문이다. 이 경우 박테리아가 예상치 못한 독소를 생성해서

다양한 유전자 조작 농작물.현대 사회에서 GMO를 피하기는 어렵다.  ©Guardian

현재 GMO에 대한 우려는 거의 상식으로
통한다. GMO 작물을 사용하지 않는다는
말이 마케팅 포인트가 될 정도다.

피해를 줄 수 있다. 특히 유전자 재조합 과정에 종종 사용되는 항
생제 내성 유전자가 장내 미생물에 전달되어 형질전환을 일으킬
경우, 장내 미생물 생태계 전체가 항생제 내성을 획득하여 장에 문
제가 생겼을 때 항생제 치료가 통하지 않게 될 가능성도 있다.

재조합 유전자가 장내 미생물에 영향을 주는 것과 같은 방식
으로 생태계에도 예상치 못한 변화를 일으킬 수 있다. 2000년 독
일의 프리드리히 실러 예나대학교 연구팀은 유전자 변형된 유채에
서 꽃가루를 얻은 벌의 장 속 상태를 조사해서 발표하였다. 연구
팀은 벌의 장 속에서도 재조합된 유채의 DNA가 생태계의 먹이사
슬을 통하여 퍼질 수 있다는 사실을 입증했다. 이는 GMO 작물의
재조합 DNA가 생태계에서 확산되는 것을 사람이 온전히 통제할
수 없다는 사실을 보여 준다.

# 미지의 대상에 대한 두려움

GMO 생산량이 늘어나면서 GMO는 지금까지 인류가 경험해 보지 못한 식량 체계라는 공감대가 형성됐다. 인류는 비슷한 일을 여러 번 겪었다. 완벽한 살충제처럼 보였던 DDT가 건강에 치명적인 악영향을 준다는 사실이 밝혀지거나, 임산부도 안심하고 먹을 수 있는 약인 줄 알았던 탈리도마이드가 태아 발달에 심각한 문제를 일으켰던 것처럼, 아직 역사가 짧은 GMO 식품이 얼마나 안전한지는 장담하기 어렵다.

이 때문에 세계 여러 나라에서는 GMO에 특화된 안전 기준을 정하고 독성 검사를 강화하고 있다. 다만 국가의 특성에 따라 온도 차는 있다. 대체로 미국이나 아르헨티나처럼 GMO 작물을 이용해서 대규모 농업을 하는 국가들에서는 GMO에 대해 거부감이 비교적 적고 안전성 관리 기관의 승인만 받으면 문제가 없다고 생

다양한 채소로 만든 절임반찬. GMO에 대한 우려는 다소 '신화'에 가까운 부분도 있다.

각한다. 그러나 유럽처럼 시민 사회와 대안적 사회체제를 요구하는 목소리가 높은 나라에서는 GMO 관련 연구도 활발하지 않고 소비자들도 경계를 많이 하는 편이다.

그러나 생명 공학이 발전하면서 GMO 개발 과정에서 통제하기 어려운 영역이 점차 줄어들고 GMO에 대한 경험도 시간이 흐름에 따라 쌓여 가면서 분위기가 바뀌고 있다. 현재 과학자들은 대체로 GMO 작물이 기존의 작물과 비교해서 특별히 해롭다는 근거를 찾기는 어렵다는 데 동의하고 있다. 미국 과학진흥협회에서는 2012년 GMO 작물의 안전성이 과학적으로 명백한 사실로 보인다는 입장을 공식적으로 내놨으며, GMO에 대해 대체로 경계하는 입장이었던 유럽연합에서도 10년간의 연구를 통해서 GMO 작물이 전통적인 작물보다 위험하다는 근거가 없다고 공식 발표했다.

그러나 인체에 무해하다는 말이 곧 GMO에 아무런 문제가 없다는 뜻은 아니다. 유럽연합에서 GMO를 조심스럽게 여기는 이유 중 하나는 GMO가 인체에는 무해하더라도 생태계에는 예상치 못한 영향을 줄 수 있기 때문이다. 인체 유해성은 문제가 발생하는 즉시 확인할 수 있고 그 피해도 직접적으로 건강에 영향을 받은 소수의 인구 집단에 한정되므로 통제하기도 수월한 편이다. 그러나 생태계에 미치는 영향은 장기적으로 효과가 나타날 뿐 아니라 효과 범위를 정확하게 파악하기 곤란해서 통제하기 어렵다.

2003년 발효된 '바이오 안전성에 대한 카르타헤나 의정서'는 이러한 관점을 잘 보여 준다. 이 조약은 50개 국가에서 참여한 것으로, 비준국은 구체적인 과학적 증거 없이도 GMO 작물 수입을 거부할 수 있다. 카르타헤나 의정서는 GMO와는 별도로 '유전자 변형 생물체(LMO: Living Modified Organism)'라는 용어를 새로 도입하였다. GMO는 유전자가 변형된 사실 자체에 초점을 맞춘 것으로 유전자 변형 생물을 이용해 제조하거나 가공한 것을 포함한다. 그러나 LMO는 생식을 통하여 번식할 수 있는 생물체를 뜻한다. 이는 카르타헤나 의정서가 유전자 변형 작물의 성분 자체보다는 이들이 생태계에 미칠 수 있는 광범위한 영향에 초점을 맞췄음을 뜻한다.

생태학적인 관점에서 유전자 변형 작물은 '미지의 대상'이다. 불과 20여 년 전까지만 해도 GMO 작물을 개발할 때 사용할 수 있는 제한 효소는 한정적이었다. 정해진 염기 서열이 있는 곳만을 기준으로 유전자를 절단하다 보니 의도한 정보 외에도 부수적인 유전정보가 대상 생물의 유전자에 끼어들 위험성이 늘 있었고, 이들의 발현 과정도 명백히 밝혀지지 않은 경우가 많았다. 변형된 유전자가 어떻게 발현될지 모른 채 생태계의 유전자 풀에 들어오면 종의 진화에 어떤 영향을 줄지는 충분한 시간이 지나야 파악할 수 있다.

물론 모든 국가가 '막연한 위험'에 대비하자는 관점에 동의하는 것은 아니다. 대표적으로 미국은 카르타헤나 의정서가 발표되던 해에 GMO 작물을 분명한 사유 없이 수입 금지했다며 세계무역기

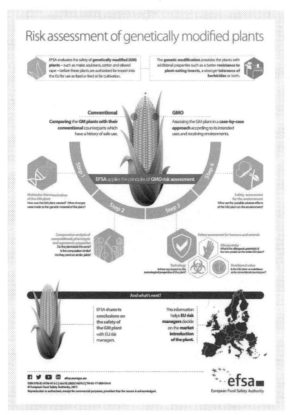

유럽식량안전국에서 발표한 GMO 안전성 검증절차에 대한 포스터. 유럽연합은 오랜 기간의 조사 끝에 GMO가 전통적인 작물에 비해 특별히 위험하지는 않다는 결론을 내렸다.　© EFSA

구에 유럽연합을 제소한 바 있다. GMO에 대한 유럽연합의 정책을 생태학적인 관점보다는 경제와 무역의 관점에서 대응한 것이다.

　　이처럼 다양한 이해관계가 있기에 GMO에 대해 국가별로 태도가 서로 다른 것을 선과 악, 진실과 거짓 구도로 이해해서는 곤란하다. 유럽이든 미국이든 과학자와 관련 당국에서는 GMO가 생태계에 미치는 영향을 면밀히 분석해야 한다고 조심스러운 입장을 보이고 있다. 다만 지역 내 농산물 유통이 활발한 유럽과는 달리, 농업 대국으로서 농산물이 수출 품목의 중요한 비중을 차지하고 농민의 입김도 센 미국의 특수한 환경 탓에 GMO를 옹호하는 것처럼 보이는 태도를 취하는 것 뿐이다.

우리나라에서도 카르타헤나 의정서에 담긴 문제의식을 반영하여 '유전자 변형 생물체의 국가 간 이동 등에 관한 법률'을 제정해서 시행하고 있다. 이 법에서는 번식할 수 있는 유전자 변형 생물체를 수입하거나 관련 실험을 수행하려면 사전에 심사를 받아 허가받을 것을 규정하고 있다. 또한 이 법에 따라 보건 의료용을 제외한 모든 유전자 변형 생물체에 대해 공인된 기관에서 위해성 심사를 받아야 한다.

# 비료의 역설

세간의 인식에 비해 GMO의 실질적인 위험성이 적다고는 하지만 여전히 문제는 남는다. 바로 '부수적인 피해'이다. 유전자의 다면발현이나 환경과 유전자의 상호 작용으로 인해 한때 기대받은 품종에서 의외의 결함이 발견되는 경우가 있다. 대표적인 사례가 비료의 역설이다.

비료의 역설이란, 작물을 잘 자라게 하려고 준 비료가 오히려 작물의 수확량을 낮추는 현상을 말한다. 이는 농민들이 흔히 겪는 일로, 생산량을 늘리기 위해 여러 비료를 사용하다가 영양 불균형을 불러오거나 작물의 스트레스를 높여 생육이 부진해진다.

앞서 녹색혁명 때 키가 작은 형질이 생산량을 늘리는 데 중요한 역할을 했다는 사실을 기억할 것이다. 작물의 키가 작으면 생장에 쏠 에너지를 알곡을 여물게 하는 데 사용하여 곡물의 품질을 향상시키는 한편 비바람에 잘 견디게 한다. 여기에 중요한 역할을 하는 유전 형질이 키 성장 억제 단백질인 DELLA를 과발현시키는 유전자이다. 그런데 DELLA가 과발현되면 질소를 흡수하는 능력이 떨어진다는 사실이 나중에 밝혀졌다. 질소는 식물 생장에 꼭

현재도 유기농법에서 비료로 사용되는 부식토. 제한된 농지에서 농사를 지속하려면 비료를 계속 공급해줘야 한다.

공장에 쌓여 있는 화학비료. 비료는 작물생산량을 크게 늘렸지만, 동시에 농작물은 점점 더 많은 비료를 필요로 했다.

필요한 원소이므로, DELLA가 과발현된 키 작은 작물을 재배할 때는 질소 비료가 평소보다 많이 필요하다. 물론 합성 비료가 공장에서 얼마든지 나오는 시대인 요즈음 질소 비료가 더 필요한 것은 큰 문제가 아닐 수 있다. 그러나 질소 비료를 많이 사용하면 잔여 질소가 토양의 산성화를 유발하거나 질소가 하천으로 흘러들어 부영양화를 일으킬 수 있다. 생산력을 높이려고 적용한 유전자 변형이 비료의 소비량을 늘려 농업 환경을 악화시키는 것이다.

살충제 역시 메커니즘은 약간 다르지만 비슷한 논란을 낳고 있다. 라운드업 레디처럼 GMO 작물 중 일부는 재배의 편의성을 위해 특정 농약에 내성을 지니도록 개발되었다. 'Bt 옥수수'처럼 박테리아에서 유래한 살충 성분을 스스로 분비하여 농약 사용량을 줄이는 작물도 있다. 그런데 작물을 재배할수록 해충이나 잡초들이 내성을 얻어 GMO의 효과가 퇴색하는 사례가 종종 보고되고 있다. 동일한 제초제를 여러 해 동안 한 밭에만 계속 뿌리거나 같은 살충 성분을 분비하는 작물을 한 농장에서 계속 재배하면서 해당 지역의 잡초와 해충에게 '선택 압력'으로 작용했기 때문이다. 즉, 제초제나 살충 성분에 노출될수록 내성을 지닌 잡초와 해충만 살아남아서 나중에는 제초제나 살충제의 효과를 보기 어려운 상황이 반드시 온다는 것이다. 실제로 라운드업 사용량은 지속적으로 증가하고 있으며 Bt 옥수수의 살충 효과도 점점 약화되고 있다. 더 큰 문제는 살충제에 대한 내성은 자연스러운 진화 과정의 일부이므로 인위적으로 제한할 방법이 딱히 없다는 것이다.

이러한 사례가 보고되면서 과학자 사회에서도 GMO의 한계를 지적하기 시작하였다. 2010년 미국연구회의(NRC: National Research Council)에서는 '한 가지 가공 방식에 지나치게 의존하고 다양한 작

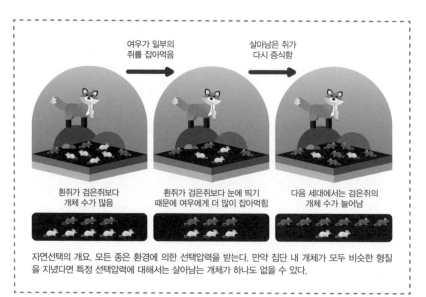

자연선택의 개요. 모든 종은 환경에 의한 선택압력을 받는다. 만약 집단 내 개체가 모두 비슷한 형질을 지녔다면 특정 선택압력에 대해서는 살아남는 개체가 하나도 없을 수 있다.

물을 다양한 방법으로 재배하지 않는다면 유전자 가공 작물을 통해 얻을 수 있는 경제적·환경적 효과가 줄어들 것'이라는 의견을 내놓기도 했다. 이와 함께 NRC에서는 널리 사용되는 제초제가 듣지 않는 '슈퍼 잡초'가 나타날지도 모른다고 경고했다.

NRC의 의견은 GMO와 관련된 논란이 GMO라는 작물 자체에 대한 문제라기보다 재배 방식의 문제, 농업 시스템의 문제임을 보여 준다. NRC의 견해를 거칠게 요약하면 'GMO가 위험하다는 증거는 아직 없지만 하나의 작물만 계속해서 재배하는 방식으로는 한계가 있을 것'이다. 그리고 사실 이러한 문제는 꼭 GMO의 시대가 아니라도, 과거부터 반복되어 왔던 문제점이다. 바로 생태계와 농업 경제, 그리고 유통의 문제다. 그리고 이를 제대로 살펴보려면 다시 기후변화 이야기로 돌아가야 한다. 우리의 먹거리에 정말 위협적인 것은 기후일까, 우리 자신일까?

## 기후변화가 기근을 불러올까?

프랑스의 19세기 화가, 클로드 모네는 이탈리아의 한 도시에 대해 '그림으로 표현하기에 이 도시는 너무나 아름답다.'라는 말을 남겼다. 이 도시는 르네상스 시대 상업 제국으로서 지중해 전역에

세력을 뻗었고 오늘날에는 누구나 한 번쯤은 가 보고 싶은 관광지로 명성을 얻었다. 바로 베네치아 이야기이다. 그러나 그 명성도 이제는 과거의 유산이 될지 모른다.

베네치아는 기후변화가 얼마나 심각한지 보여주는 사례로 종종 인용된다. 아마 선진국 도시 중에서는 해수면 상승의 영향이 가장 극적으로 드러나는 도시이기 때문일 것이다. 고풍스러운 건물 사이로 촘촘히 운하가 뻗은 베네치아 구시가지는 상습 침수 지역이다. 사실 베네치아 구시가지 자체가 '튼튼한 수상가옥'을 짓는 식으로 건설된 곳이라 밀물 때 침수되지 않으면 그게 더 이상한 일이다. 문제는 침수의 일수와 깊이가 점점 늘어난다는 것이다. 이는 해수면이 상승하고 있다는 분명한 증거이기도 하다.

위험 징후는 가까운 곳에서도 보인다. 봄철을 대표하는 꽃으로 보통 목련, 개나리, 진달래, 벚꽃, 철쭉 등이 꼽히는데 이들은 개화 시기가 각각 다르다. 추위가 물러남과 동시에 목련이 잎사귀보다 먼저 나와서 꽃을 피우고, 개나리가 뒤를 이으면 진달래가 초록색 나뭇잎들과 함께 피어난다. 마지막으로 벚꽃이 만개하며 비로소 완연한 봄이 찾아온다. 그러나 최근에는 서로 다른 시기에 피어나던 꽃이 한꺼번에 뒤섞여 만개하는 일이 많아졌다. 겨울이 따뜻해지고 봄철 기온이 급격히 오르며 개화 시기가 교란된 탓이다.

개화 시기는 식물이 열매를 맺는 데 큰 영향을 준다. 개화 시기가 교란되면 열매의 발달이 지연되거나, 심지어는 조건이 맞지 않아 제대로 수정하지 못 하는 일도 생긴다. 물론 현대의 농작물은

꽃이 만개한 사과나무. 사과는 개화 시기에 큰 영향을 받는 작물이다. 꽃눈이 너무 일찍 움트면 초봄의 꽃샘추위 탓에 서리 피해를 입을 가능성이 높다.

농업생산성을 높이기 위해 일정한 수준의 환경 변화에 대한 내구성도 강한 편이지만, 변화가 급격해지면 유전적 다양성이 적은 농작물은 큰 피해를 입을 수 있다.

개화 시기에 민감한 작물 중 하나가 사과다. 사과꽃은 3월 말부터 한 달 정도 사이에 꽃눈이 만들어지는데, 평균기온이 상승하면 꽃눈 형성 시기도 빨라진다. 그런데 꽃눈이 지나치게 일찍 생기면 주기적으로 추워지는 불안정한 초봄 날씨 탓에 꽃눈이 서리에 얼어 제대로 개화하지 못할 수 있다. 사과꽃은 꽃눈에 붉은 꽃잎이 보이기 시작할 때는 기온이 -3.3℃, 꽃 피기 직전에는 -2.7℃ 아래로 내려가면 꽃이 피더라도 제대로 수정되지 않거나 수정되고 나서도 과일이 여물기도 전에 떨어져 버린다. 따라서 기온이 올라 꽃눈 형성 시기가 빨라질수록 서리 피해를 볼 가능성이 커진다. 게다가 같은 품종의 사과는 꽃눈이 같은 시기에 한꺼번에 형성되니 피해도 일제히 일어난다.

그렇다면 기후변화로 과거와 같은 대기근이 일어날 수도 있을까? 다행히도 그럴 가능성은 그리 크지 않다. 사람들의 선입견과 달리 현대 농업은 환경 변화에 그렇게 취약하지 않다. 앞서 예로 든 사과의 경우, 서리 피해가 예상되면 농가에서는 물을 뿌려 얼지 않게 유지함으로써 서리 피해를 막는다. 태풍과 같은 극단적인 날씨 피해는 막기 힘들어도 기온이나 일조량 변화로 인한 교란 정도는 그리 어렵지 않게 막아내고 있다. 물론 기후변화가 심각해지면 이로 인한 피해를 막는 데 필요한 관리비용도 늘어나지만, 농사를 아예 짓지 못할 정도는 아니다.

기후변화가 심해지면 다른 방법도 있다. 작물을 변화된 기후에 적합한 품종으로 바꾸는 것이다. 이미 각국의 종자 은행에는 오랜 세월의 농업을 통해 개량돼 다양한 환경에 최적화된 수천, 수만 가지 품종의 종자들이 보관돼 있다. 이 종자들은 적합한 기후와 개화 시기가 저마다 다르다. 이 중 변화된 환경에서 가장 많은 결실을 보는 품종을 찾아내 약간의 개량만 가하면 변화된 기후에 맞는 품종을 만들어 낼 수 있다. 대다수 국가는 환경 변화에 맞춰 새로운 농업환경에 적합한 종자를 빠르게 개량해 현장에 적용하는 체계도 갖췄다. 사막화가 급속히 진행되거나 빙하가 갑자기 발달하는 것처럼 경작 가능한 땅 자체가 줄어드는 일이 생기지 않는 이상, 현대의 농업시스템은 어느 정도 기후변화에 탄력적

생태계가 안정성을 유지하는 비결은 다양성에 있다. 환경이 변화하더라도 새로운 환경에서 살아남는 종이 있기에, 전체 종이 소멸하지 않고 유지될 수 있는 것이다. 혹시 어느 한 종이 사라지더라도, 이내 다른 종이 빈 자리를 메운다. 농작물도 마찬가지다.

으로 대처할 수 있다.

우리나라도 기후변화에 대비해 쌀 품종을 개발하고 있다. 한국인의 주식인 쌀은 벼에서 열린다. 벼는 꽃이 핀 후 40일 동안 알곡으로 익어가는데, 이때 21~22℃를 유지해야 최상의 품질을 기대할 수 있다. 벼꽃이 핀 후 기온이 너무 높으면 쌀알이 가벼워지고 품질이 떨어진다. 따라서 기온이 높아질수록 꽃이 늦게 피어 무더운 여름을 피해 익도록 이앙 시기를 늦춰야 하지만 현실적으로 농가에서 5월에 하던 이앙을 6월로 미루기는 쉽지 않다. 그래서 농업기술원에서는 한여름의 폭염을 피해 빨리 익는 벼 '빠르미'나 폭염 이후에 꽃이 피어 늦게 익는 '충남3호', '충남5호' 같은 신품종을 개발했다. 이러한 사례를 보면 결국 '단일 품종을 주로 재배할 경우 농업이 붕괴될 수 있다'는 이야기는 오해에 가까운 셈이다.


## 환경보다 더 중요한 위협, 분업

대표적으로 널리 퍼진 오해 중 하나가 '바나나의 종말'이다. 현재 세계적으로 유통량이 가장 많은 바나나 품종은 '캐번디시(Cavendish)'이지만 1950년대까지만 해도 '그로 미셸(Gros Michel)'이 대부분을 차지했다. 그로 미셸은 껍질이 두꺼워 장거리 운송에 적합하고 맛도 좋았지만 '파나마병' 유행과 함께 단기간에 자취를 감추고 만다.

파나마병은 바나나의 뿌리에 기생하는 곰팡이가 일으키는 병으로 이 병에 걸리면 식물 전체가 말라 죽어버린다. 당시 널리 재배되던 그로 미셸은 파나마병에 취약한 편이라 1960년대를 거치는 동안 거의 멸종에 가깝게 사라져버리고 말았다. 최근에는 파나마병의 변종인 TR4(Tropical Race 4)가 캐번디시종에 유행하면서 어쩌면 우리가 먹는 바나나가 멸종해버릴지도 모른다는 이야기가 나오기도 했다.

그러나 이는 지나치게 과장된 이야기로 속사정을 들여다보면 사실과는 전혀 다르다. 그로 미셸에는 큰 약점이 있는데, 성장 속도가 느리고 재배조건에 민감하다는 것이다. 반면 캐번디시는 맛

그로 미셸 바나나. 현재 유통되는 캐번디시종보다 생산성과 맛이 뛰어났지만 질병과 강풍에 약해서 퇴출되고 말았다. 특히 곰팡이균인 푸사리움 옥시스포럼은 치명타였다.

이 덜한 대신 성장이 빠르고 수확량도 많아 생산성이 훨씬 높다. 바나나 농업은 다국적 기업의 대농장에서 주로 생산된다. 당연히 이들은 먹기 위해서가 아니라 팔기 위해 바나나를 재배하므로 생산성이 무엇보다 중요하다. 마침 파나마병으로 그로 미셸에 피해가 속출하자 기업과 농장주들이 겸사겸사 생산성이 높은 캐번디시로 종자를 바꿔버린 것이다. 결국 그로 미셸은 파나마병에 의해 멸종한 것이 아니라 파나마병을 계기로 경제 논리에 밀려 다른 품종으로 대체되었다는 이야기이다. 실제로 파나마병에 내성을 지닌 그로 미셸 품종이 개발된 지도 한참 지났으며 여전히 일부 농장에서는 그로 미셸을 생산하고 있다.

바나나에 얽힌 진실에서 보듯, 환경적 요인만으로 농업이 붕괴하기에는 지금까지 개발된 종자의 종류가 너무나 다양하다. 평균

현재 상업적으로 가장 많이 유통되는 캐번디시종. 캐번디시종 역시 변종 파나마병인 TR4가 유행하면서 위기를 맞을 뻔 했다. 다행히 소비자들이 아는 것보다 훨씬 많은 바나나 품종이 있어 바나나 자체가 사라질 가능성은 없다고 봐도 좋다.

기온 상승에 따라 국내에서 작물의 재배 지역이 점점 북상했듯이 농부들은 환경이 바뀌면 품종을 바꾸는 데 그치지 않고 아예 새로운 작물을 재배하기도 한다. 게다가 기술 발전으로 인해 좁은 땅에서 더 많은 식량의 생산도 가능해졌다. 실제로 농업경제연구원이 2019년 발표한 보고서에 따르면 기후변화와 같은 환경 요인을 고려하더라도 향후 10년간 세계 농지 면적은 변화가 없지만, 식량의 생산량은 14%가량 증가할 것으로 전망된다.

진정한 위협은 다른 데 있다. 현재 세계 농업생산량은 지구의 모든 인구를 먹여 살리기 충분한 양이지만 지역마다 재배 작물과 생산량의 편차가 크다. 이는 세계가 하나의 경제권으로 묶이면서 농업이 '분업화'된 데 따른 것이다. 아시아 지역의 주식인 쌀의 생산량만 봐도 알 수 있다. 미국은 쌀 소비량이 많지 않지만 세계 최대의 쌀 수출국 중 하나다. 특히 찰기가 있는 자포니카종은 한국과 일본을 비롯한 일부 지역에서만 소비될 뿐, 미국에서는 별로 인기가 없음에도 불구하고 캘리포니아에서만 연 200만 톤이 넘게 생산된다. 저렴하고 효율적인 물류시스템 덕분에 어떤 곳에서는 자신들이 먹지도 않을 작물을 생산하고, 다른 곳에서는 농업생산량이 적어 먹거리를 수입에 의존하는 것이다.

그러나 이러한 국제적 분업시스템은 생각보다 매우 취약하다. 식량 수급을 지탱하는 공급망이 망가지면 식량은 쌓였는데 필요한 곳으로 운반하지 못해 굶주리는 일이 일어날 수 있다. 2019년 말부터 시작된 코로나19 팬데믹은 세계화된 식량 공급망의 위험성을 보여줬다. 전 세계적인 봉쇄와 격리가 이어지면서 국가간 교역이 줄어들자 국제 식량 가격이 빠르게 반응했다. 국제 쌀 가격은 2020년 4월, 7년 만의 최고치를 기록했다. 미국의 밀 가격도 3월에만 8%나 올랐다. 재난 상황에서 사람들이 식료품을 사재기하듯, 식량 수출국들은 전대미문의 팬데믹 사태를 맞아 수출을 제한하기 시작했다. 일시적이기는 하지만 중세 말 유럽이 번영의 정점에서 무너져 내린 과정이 세계적인 규모로 다시 나타나는 것처럼 보일 정도였다. 우리는 이미 이러한 식량 분업이 파국을 맞은 사례를 알고 있다. 바로 고대 로마다.

현대의 마트 식품코너. 집 근처 마트에서도 손쉽게 세계 곳곳의 농산물을 그리 높지 않은 가격에 접할 수 있다. 세계화된 물류 시스템 덕분에 비옥한 곳에서 대량으로 재배된 작물을 싼 값에 들여올 수 있기 때문이다.

# 세계화된 농장의 위험성

고대 로마의 1차 삼두정치를 이끈 인물 중 하나가 폼페이우스다. 폼페이우스가 권력의 중심부에 올라설 수 있던 계기 중 하나가 바로 지중해 해적 소탕이었다. 폼페이우스는 해적을 일소한다는 명분으로 전례 없이 강력한 군사지휘권을 확보해, 단 3개월 만에 해적들을 소탕하고 이를 발판으로 로마 시민들의 절대적인 지지를 얻는다.

당시 로마에 해적 소탕이 그리도 중요했던 이유는 지중해의 뱃길이 로마 시민의 먹거리를 좌우했기 때문이다. 공화정 말기 로마는 여러 전쟁에서 승승장구하며 지중해 일대를 거의 장악했다. 로마인들은 지배하는 땅이 늘어나자 이 땅에서 나는 자원들을 흡수해 거대 도시 로마를 유지하는 데 투입했다. 시칠리아와 이집트의 거대한 곡창에서 생산된 밀, 에게해 연안과 스페인의 바닷가에서 생산된 생선 액젓 가룸(Garum), 이베리아반도에서 생산된 올리브가 로마의 오스티아 항구로 몰려들었다. 매주 로마로 수입되는 밀만 약 5천 톤에 달했다.

당시 로마인이 즐겨 먹었던 가룸은 로마의 식량 공급망이 얼마나 효율적이었는지 보여주는 증거이기도 하다. 가룸을 만들려면 생선에서 내장을 추려 염장해서 삭혀야 한다. 지금도 그런 경향이 있지만 당시에도 가룸과 같은 생선 액젓 공장은 악취로 인한 혐오

스페인 안달루시아 지방에 있는 고대 로마시대 가룸 공장 유적. 가룸은 생선 창자로 만든 액젓으로 로마인의 식단 곳곳에 사용됐다. 현대의 멸치액젓이나 까나리액젓보다도 지독한 냄새를 자랑했기에 로마시에서 소비되는 가룸의 상당량은 스페인에서 들여왔다.

시설 취급을 받았기에 당연히 로마 근처에서는 만들기 어려웠다. 가룸의 상당량은 이베리아반도에서 생산돼 뱃길을 타고 항구를 통해 들어왔다. 당시 로마인의 식생활에 가룸이 필수품이었음을 고려하면 수송되는 가룸의 양은 매우 많았을 것이다.

폼페이우스의 시대를 거쳐 제정기에 들어서자 지중해는 로마의 내해(內海)가 됐다. 해적의 활동이 눈에 띄게 줄어든 덕분에 지중해의 뱃길을 통한 식량 교역에는 방해물이 거의 없어진 것이다. 그 결과 북아프리카의 밀 같은 일상 식량부터 인도의 버섯 종자나 소아시아의 벌꿀 같은 사치품까지 로마에 끊임없이 공급되면서 로마시에서는 기근이 거의 사라졌다. 로마 인근에 가뭄이 들더라도 수입해서 조달하면 그만이었기 때문이다.

사실 이는 제국의 다른 지역도 마찬가지였다. 한 곳에서 가뭄이 들 경우 다른 곳에서 남아도는 식량을 공급하면 그만이었다. 교역망이 뒷받침되어 식량의 안전한 이동이 보장되자 부유층이 많은 라티움 지역에서는 고부가가치 작물을, 비옥한 나일강 삼각주에서는 대량공급할 밀을 재배하는 식으로 자연스럽게 분업이 이루어졌다. 촘촘한 도로와 해운망 덕분에 로마에서 시민들이 굶는 일은 확연히 줄었다. 수 차례의 식량 폭동으로 정치적인 위기를 겪은 바 있는 로마의 정치인들에게 안정적인 식량 공급은 무엇보다 중요한 과제였다.

로마의 거대한 식량 공급망은 로마인에게 생활과 정치의 안정을 가져다 주었지만 위기의 시기에는 오히려 독이 되고 말았다. 로마제국 전체에서 대도시 사람들 대부분이 수입되는 식량에 의지했던 탓이다. 3세기부터 제국이 흔들리게 되자 교역망도 서서히 붕괴하기 시작했다. 오랜 관개와 경작으로 지력이 쇠퇴하면서 주요 곡창지대의 생산량이 줄어들었고 이로 인해 제국의 상업이 천천히, 그러나 확실하게 마비되기 시작했다. 왕래가 뜸해진 교역로는 다시 산적과 해적들로 들끓기 시작했고, 교역망이 경색됨에 따라 식량 공급에 차질이 빚어지며 도적떼에 합류하는 사람들도 늘어났다.

여기에 정치적 위기가 결정타를 날렸다. 로마의 군사력이 약해지면서 게르만족과의 경계가 흐려지는 바람에 국경 지역에서는 자급자족 경제에 익숙한 게르만족의 생활양식이 퍼지기 시작했다. 이에 비해 로마의 전통이 강하게 남은 대도시에서는 여전히 수입되는 식량에 의존하는 생활양식이 유지됐다. 그 결과 동로마와 서로마가 나뉜 이후에는 로마 시민들이 쫄쫄 굶는 동안 알렉산드리아 항구에는 몇 년 치 밀이 비축되는 일도 종종 일어났다. 급기야 서로마 황제가 세금을 곡식으로 바치라는 칙령을 내리면서 서

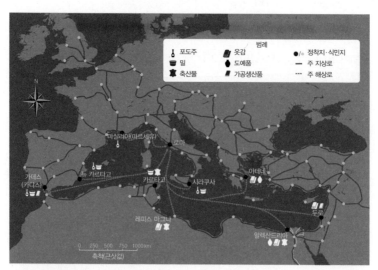

1~2세기 로마 제국의 주요 교통로와 교역로. 로마는 지중해를 이용해 세계 각지에서 생산된 물품을 필요한 곳에 공급했다. 로마의 교역료는 제대로 작동하는 동안은 효율적으로 제국 사람들을 먹여 살렸지만, 교역망이 망가지기 시작하자 제국은 급속하게 무너지기 시작했다. 가장 먼저 피해를 입은 분야는 당연히 식량이다. ⓒNational Geographic

로마 화폐로는 식량을 살 수 없다는 사실이 분명해지자, 제국을 지탱하던 식량 교역 전체가 마비되고 말았다.

교역이 마비된 결과 4세기 로마 시를 포함한 라티움 지역은 대규모 전쟁을 거치지 않고도 폐허처럼 변했다. 식량 공급이 끊긴 로마 시민들은 굶주리기 시작했고, 거대한 기아 수용소로 변한 도시를 탈출해 농사지을 땅을 찾아 교외로 향했다. 그러나 오랜 세월 포도주용 포도 같은 지력 소모가 심한 고부가가치 작물만 재배해온 땅에서는 제대로 된 농사를 짓기 힘들었다. 농장은 버려지고 도시는 무너져갔다. 정치적으로 안정되고 곡창지대와 가까운 동로마가 이후 1000년에 가까운 시간을 버티는 동안, 서로마의 명맥은 완전히 끊어진 채 중세 사회에 접어들게 된다.

서로마의 사례는 식량 교역망이 붕괴했을 때 어떤 일이 일어날 수 있는지 보여준다. 물론 현대 사회는 고대 로마보다 훨씬 복잡하고 견고하다. 서로마처럼 사회가 붕괴하는 일까지는 일어나지 않겠지만, 식량 교역망이 손상됐을 때 식료품 가격 상승을 시작으로 커다란 혼란이 일어날 것은 충분히 예측할 수 있다. 농업 기반이 빈약한 사회라면 그 충격은 훨씬 클 것이다. 세계화가 퇴색하고 고립주의가 강해지는 요즘에는 식량 교역망이 손상될 가능성이 더 커지고 있다. 세계 곳곳에서 수입된 식량에 의존하지 않는, 안전한 방법을 고민해야 할 때다. 그리고 그 해답은 다시 기술에 있다.

3부는 살충제와 비료에 의존한 근대식 농업의 한계와, 이를 극복해 온 20세기 동안의 노력에 대해 서술했다. 20세기의 풍요로운 식량 사정은 생명과학의 발전에 따라 육종기술이 크게 발전한 덕분이다. GMO는 여기에 날개를 달아주었다. 그러나 생명과학의 선물은 새로운 문제점을 낳았다. 현대식 농업이 어떤 문제를 제기했는지 알아보자.

○ **현대의 녹색혁명**
현대사회가 어떻게 기근의 위험에서 탈출했는지, 그 과정에서 품종이 어떤 역할을 했는지 살펴보았다. 환경 요인을 작물에 맞추기보다 환경에 맞는 작물을 찾아내는 방법에 어떤 장점이 있는지 앞서 읽은 내용을 바탕으로 설명해보자.

○ **잡종에 밀려버린 순종**
전통적인 교배육종의 원리와 성과를 알아보았다. 유전법칙이 교배육종과 어떻게 연관되는지 생각해보고 형질 고정 과정을 진화 관점에서 설명해보자.

○ **가위와 풀과 DNA**
여기서는 유전자와 제한효소의 발견을 다뤘다. DNA의 특징과 역할에 대해 이해하고 DNA 발견이 품종 개발에는 어떤 영향을 줬는지 토의해보자.

○ **생명을 편집하는 시대**
유전자가위의 원리를 이해하고 유전자를 편집한다는 것이 어떤 의미인지, 농업에는 어떤 영향을 줄 수 있는지 토론해보자.

○ **맞춤 제작 동식물**
유전자 편집 기술을 이용해 실제로 개발된 작물을 소개했다. 유전자 편집으로 탄생한 작물들에 어떤 것이 있는지, 유전자 편집으로 주입한 형질은 무엇인지 알아보자. 또한 비슷한 형질의 작물을 얻으려면 전통적인 육종방법으로는 얼마나 시간이 걸릴지 이야기해보자.

## ○ GMO의 빛과 그림자
GMO는 식량 생산에 새로운 가능성을 열었지만 한편으로는 예상치 못한 형질이 나타나 문제를 일으키기도 한다. 유전자를 완전히 통제할 수 있는지, 만약 통제할 수 없다면 GMO를 어떻게 받아들여야 하는지 토론해보자.

## ○ 미지의 대상에 대한 두려움
여기서는 GMO에 대한 우려의 허와 실을 따져보았다. GMO에 대해 퍼져 있는 사람들의 편견이나 인식을 알아보고 얼마나 타당한 근거가 있는지 토의해보자.

## ○ 비료의 역설
사실 GMO 자체는 다른 품종과 특별히 다를 것은 없다. GMO를 오래 사용하면 생태계가 GMO에 적응하면서 그 장점이 점점 약해진다. GMO의 효과가 왜 오래 지속되지 못하는지, 계속해서 새로운 GMO를 개발해야 하는지 생각해보자.

## ○ 기후변화가 기근을 불러올까?
농업의 또 다른 위기, 기후변화에 대해 다루었다. 특히 유전적 다양성이 적은 작물일수록 기후와 같은 환경요인 변화에 취약하다는 점을 강조한다. 기후변화가 일어나면 주변에서 볼 수 있는 식물에는 어떤 영향을 주는지 관찰하고 토의해보자.

## ○ 환경보다 더 중요한 위협, 분업
바나나의 예를 통해 농업에 대한 진정한 위협은 환경변화보다 국제적인 분업이라는 사실을 설명했다. 세계적인 규모의 재난이 식료품 가격에 영향을 준 사례들을 찾아보고 식량을 한 곳에서만 집중적으로 생산하는 것이 왜 위험한지 설명해보자.

## ○ 세계화된 농장의 위험성
국제적인 교역에 의존하는 식량 체계가 불안한 이유를 로마의 사례에서 찾아보았다. 서로마의 사례를 살펴보고 지금 만약 식량 수출입이 중단된다면 우리 식생활에는 어떤 변화가 생길지 토론해보자.

High Yield

Medium Yield

Low Yield

4부

# 식량의 미래,
# 작지만 큰 농업

# 농업의 지속 가능성

지금까지 살펴본 현대 농업의 문제점은 이미 많은 공감을 얻고 있다. 실제로 많은 나라에서는 에너지와 노동력이 많이 소모되고 지력을 인위적으로 부양해야 했던 기존의 방식에서 벗어나 '지속할 수 있는 농업'으로 패러다임을 전환하기 위해 준비하고 있다. ICT(Information and Communication Technology, 정보통신기술)의 발전

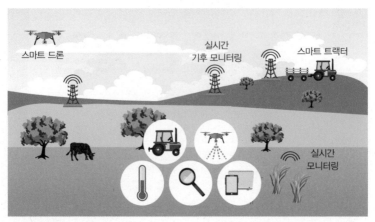

스마트 농업이란 농업의 생산, 가공, 유통, 소비 전반에 정보 통신 기술(ICT)을 접목하여 원격에서 자동으로 작물의 생육 환경을 관리하면서 생산 효율을 높이는 기술이다.

에 힘입은 이러한 변화는 우리나라에서도 '스마트 농업'이라는 이름으로 주목받고 있다. 스마트 농업이 단순히 최신 기술을 적용한 농업만을 이야기하는 것은 아니다. 스마트 농업의 온전한 의미를 이해하려면 현장을 찾아봐야 한다.

중국의 농업은 '신농업인'의 등장으로 최근 거대한 변화를 맞았다. 신농업인은 농업 생산과 유통에 ICT를 접목하고 경영 관리, 연구와 같은 고급 서비스를 제공하는 사람들을 말한다. 농업에 대한 선입견과 달리 화이트칼라와 대학생들이 주류를 형성하고 있으며 중국의 낙후된 농업 환경을 근본적으로 바꿀 수 있을 것으로 기대를 받는다. 중국 정부에서는 13차 5개년 계획에 ICT를 통한 농업의 선진화를 중요한 과제로 내세웠으며, 관련 투자와 지원을 크게 확대하고 있는 중이다.

중국의 노림수는 또 있다. 바로 농업에 의한 환경 오염을 줄이겠다는 것이다. 2013년, 런민(人民)대학의 농업·농촌 발전 학원 정핑톈鄭風田 부원장은 중국 환경 오염의 주범이 농업이라고 발표한 바 있다. 과도하게 사용되는 비료와 제초제가 주변의 토양과 물을 오염시킨다는 것이다. 실제로 1981년부터 2008년까지 중국의 곡물 수확량은 80% 가량 증가한 데 비하여 비료 사용량은 세 배가 넘게 폭증했다. 비료를 생산하고 유통시키는 과정에서 발생하는 에너지 소비와 탄소 배출량까지 고려한다면 정핑톈 부원장의 발언도 무리는 아니다. 결국 중국의 전략은 농업 인구의 학력 수준을 높이고 신기술을 도입함으로써 투입 자원을 최소화하겠

COP21(제21차 당사국 총회) 개최를 알리는 파리 에펠탑의 전광판. 2016년부터 본격적으로 발효될 신기후 체제는 농업 환경에 큰 변화를 일으킬 전망이다. © ARC2020

다는 것으로 풀이할 수 있다. 즉, 농업에 본격적으로 경영 원리를 도입하겠다는 의미다.

## 농업과 경제 논리

중국에서 주요 벤치마킹의 대상으로 삼는 지역은 유럽이다. 유럽은 러시아나 미국에 비하여 농가당 경지 면적이 넓지 않은 편이고 가족농(家族農)[1] 위주의 구조를 유지하고 있다. 그러면서도 농민

---

1    한 가족이 농지를 소유하면서, 그 가족의 구성원이 농지를 가꾸고 경영하는 형태의 농업. 또는 그러한 농가.

들의 경영가적 마인드가 강하다. 실제로 덴마크에서는 농업 학교에서 5년 과정을 이수하고 국가 자격시험을 거쳐서 30ha 이상의 농지를 소유해야만 농업에 종사할 수 있다. 오스트리아의 낙농가들은 정부 보조금은커녕 농업과 식품 가공업에 뛰어들려면 자비를 들여서 별도의 자격증을 따야 한다. 직장인이 자신의 '몸값'을 높이기 위하여 경영자 과정과 같은 교육 과정에 목돈을 들이는 것과 비슷하다.

네덜란드 농민들은 대체로 신기술에 대한 수용성이 높다. 주로 '공장식 농업'이라고 할 만한 시설 농업이 고도로 발전한 데다

선진국 농업의 특징 중 하나는 농부들의 경영 마인드가 강하다는 것이다. 자연히 효율성을 높이기 위해 기계화에 적극적이고 신기술에 대한 수용성도 높다. 유럽 우주국의 기술 지원으로 개발된 트랙터는 센티미터 단위의 정밀도로 조종할 수 있다. ⓒESA

가, 우리나라의 농림축산식품부에 해당하는 정부 부처가 없다. 농업이 별도의 관리가 필요한 분야가 아니라, 전체 산업의 한 부분처럼 인식되기 때문이다. 농민 대상 기술 이전 기관은 민영화하여 투자 회사처럼 운영하고 있고 농업에 대한 진흥 정책은 산업부에서 관할한다.

유럽의 농업에서 전반적으로 보이는 '경영 마인드'는 의외로 큰 힘을 발휘한다. 유럽의 농민 대부분은 중장기적인 관점에서 '최소 비용으로 최대 이익을 얻는다.'는 생각에 익숙하다. 따라서 농업에 투입되는 노동과 자본을 최소화함으로써 효율성을 추구하는 한편, 새로운 기술이나 경영 기법, 저렴한 에너지원 확보에 관심이 높아질 수밖에 없다. 그리고 농민들의 이러한 활동은 지력이나 환경 요인들을 소진하지 않고 지속할 수 있는 농업이 시스템으로 자리 잡는 데 중요한 원동력이 된다.

경제 논리를 따르는 경영과 환경 논리를 따르는 지속 가능성은 일면 양립할 수 없는 것처럼 보이지만, 사실 지속 가능성이란 경제 논리에 바탕을 둔 개념이다. 요컨대, '황금 알을 낳는 거위'의 배를 가를 것인가 말 것인가의 문제이다. 당장은 배를 가르는 쪽이 이익이 더 크겠지만 장기적으로는 알을 많이 낳도록 거위를 키우는 것이 이익이다. 더 중요한 문제는 거위가 '건강하면서도 알을 많이 낳게' 하는 방법이다.

# 정밀농업 시스템의 확산

최소 비용으로 최대 이익을 얻으려면 과도한 지출을 줄이는 것부터 우선적으로 고려해야 한다. 가장 기본이 되는 것은 불필요한 소비를 줄이는 일이다. 마찬가지로 농장에 대한 투자를 최소화하려면 자원을 효율적으로 재배치해야 한다. 그래서 '절약'은 '스마트'의 핵심 키워드 중 하나이다. 정확하게 말한다면 단순히 아끼기만 하는 것이 아니라 최상의 작물이 나올 수 있는 '골디락스(goldilocks)[2]' 환경을 만들기 위해 필요한 만큼만 자원을 투입하는 것이다.

유럽에서 최근 주목 받고 있는 '정밀농업(precision agriculture)'도 이와 비슷한 맥락을 따르고 있다. 정밀농업이란, 환경을 최대한 세세하게 통제하여 작물의 생산량을 극대화하는 농법을 말한다. 아주 좁은 영역 단위, 심지어는 개체 단위로 농지를 관리하여 최적의 환경을 조절하는 한편, 비료나 물, 열, 농약과 같이 작물이 생장하는 데 필수적인 요소들을 철저하게 관리하여 낭비를 줄인다. 토양이나 하천으로 유실되는 여분의 비료나 농약도 줄어들기에 환경 친화적이다.

정밀농업은 ICT와 함께 발전해 왔다. ICT가 필요한 이유는 농

---

2    경제 성장률이 높더라도 물가 상승의 압력이 적은 상태.

네덜란드의 농업용 온실에 설치된 환풍기. 센서와 연동되어 온실 내 온도가 균일하지 않을 경우에는 자동으로 가동된다. ⓒJan Kranendonk

작물을 정밀하게 관리하는 일을 인력만으로 처리하기 어렵기 때문이다. 정밀농업을 위한 ICT의 출발점은 환경을 인지하는 '센서'다. 유럽 농업 연구의 중심지 가운데 하나인 네덜란드 바헤닝언UR(Wageningen Universiteit en Researchcentrum)[3] 에서는 농지에 다양한 센서를 적용하는 연구를 진행하고 있다. 이곳의 시험용 온실에 설비된 센서의 종류는 매우 다양하다. 땅속에 고정된 센서는 각종 무기 염류와 필수 영양소 및 수분의 양, 산성도를 점검하고, 작

---

3   유럽 최고의 농업대학교의 하나로 1997년 노동연구기관(DLO)과 합병을 통해 대학과 DLO에 흩어져 있던 연구 프로젝트와 연구진들을 하나로 모음으로써 높은 시너지 효과를 내고 있다.

물의 키보다 높은 곳에 자리 잡은 센서는 대기 중의 이산화탄소 양과 온도, 습도 등을 모니터링한다. 고정식 센서뿐 아니라 농부의 활동에 맞추어 함께 움직이는 센서도 있다. 트랙터와 같은 농기계에 부착된 센서는 표토에 대한 정보를 비롯하여 작물의 잎 또는 열매의 영양 상태나 성숙도, 특정 성분의 양 등을 분석한다. 센서에서 수집한 정보들은 농장 내부의 유·무선 네트워크를 통하여 데이터베이스로 집약된다.

이렇게 수집된 데이터는 농부들이 농장과 작물의 세부적인 상태를 한눈에 파악할 수 있는 형태의 정보로 제공되고, 농장의 환경을 일정하게 유지하는 데에도 활용된다. 농부가 온도나 영양소 비율, 습도, 조도와 같은 환경 요인의 최적 수준을 설정해 두면 현재의 환경 요인에 따라 자동 제어 시스템에 의하여 해당 구간의

토양의 상태는 영양소 공급 시스템으로 피드백되어 필요한 곳에 필요한 만큼의 원소를 투입한다. 각각의 파이프마다 칼륨, 암모늄, 질산염, 마그네슘, 황처럼 작물 생장에 필요한 원소들을 따로따로 공급한다. ⓒ농촌진흥청

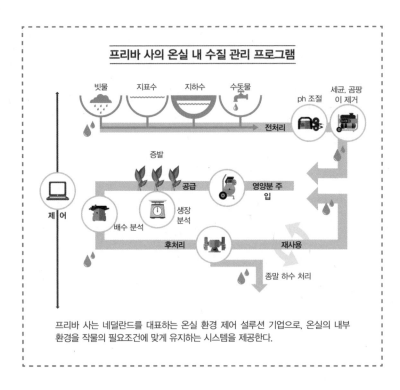

프리바 사는 네덜란드를 대표하는 온실 환경 제어 솔루션 기업으로, 온실의 내부 환경을 작물의 필요조건에 맞게 유지하는 시스템을 제공한다.

난방 장치를 가동하거나, 영양소나 물을 더 공급하거나, 온실 천장의 차양막을 여닫는 식이다. 꼭 필요한 곳에 필요한 만큼만 조치할 수 있기 때문에 노동력과 에너지를 절감하면서도 작물의 품질을 높일 수 있다.

정밀농업은 환경을 세세하게 통제할 수 있는 온실 농업에만 어울릴 것 같지만, 최근에는 야외 환경에도 정밀농업을 적용하려는 연구도 진행 중이다. 대표적인 온실 환경 제어 솔루션 기업인 네덜란드의 프리바(PRIVA) 사에서는 캘리포니아에 60ha 규모의 농장을 확보하고 개방된 환경에 센서 네트워크를 적용하는 방안을 연구하고 있다. 현재의 수분량을 점검하여 자동으로 물을 공급하는 시스템을 구성함으로써 물 사용량을 30% 줄이면서도 생산량은 20%가량 향상시킬 수 있었다.

# 농업 로봇

환경을 조절하는 기술이 다소 정적이고 수동적인 방법이라면, 더 능동적이고 적극적인 방법도 있다. 바로 로봇을 이용하는 방법이다.

최근 유럽의 농업 현장에서는 로봇을 활발하게 이용하고 있다. 주 활용 분야는 김매기처럼 복잡한 의사 결정이 필요하지 않은 반복 작업으로, 보시(Bosch)와 같은 대기업들도 적극적으로 참여하고 있을 만큼 제법 큰 시장이 형성되어 있다. 초창기에는 트랙터의 하부에 잡초 제거 모듈(module)[4] 을 부착한 형태가 주를 이루었지만, 요즘에는 이전보다 작고 가벼워서 밭과 온실 곳곳을 돌아다닐 수 있는 전자동 로봇도 등장하고 있다.

---

4   본체(本體)에서 분리되어 작은 부분으로 유기적으로 구성되어 있다가, 필요할 때 본체에 합류하여 그 기능을 수행할 수 있는 것.

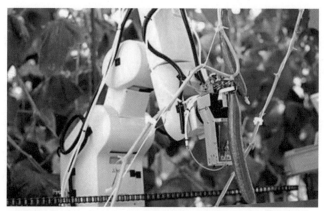

페케리트 교수 팀에서 연구 중인 오이 수확용 로봇. 아직은 복잡한 형태이지만 향후에는 구조를 단순화하고 움직임의 효율성을 높여서 상용화할 예정이다. ©Wageningen UR

이러한 로봇들은 작물을 피해 이동하면서 잡초를 찾아내고, 인식된 잡초의 종류와 크기에 따라 꼭 필요한 만큼만 제초제를 분사하여 잡초를 제거한다. 유기 농법에 대응시킨 별도의 모듈을 부착해서 레이저로 뿌리를 태우거나 뽑아낼 수 있도록 한 기종도 있다. 이러한 방식들을 통해서 제초제 소비를 절반 이상 줄일 수 있을 것으로 기대된다.

병충해를 모니터링하는 로봇을 연구하는 기술도 한창이다. 아직은 시험 단계에 머물러 있지만 광학 카메라를 부착한 드론이 작물 사이를 이동하면서 병충해를 찾아내게 하는 연구도 진행 중이다. 카메라에 촬영된 작물의 모습을 판독하여 병충해의 종류와 피해 양상을 분석하는 방식이다.

군집 로봇 기술을 응용하여 한 대의 드론이 병충해를 진단하면 다른 드론이 그에 맞는 처방을 하는 체계도 개발하고 있다. 드론은 사람과는 달리 수시로 확인할 수 있기 때문에 병충해가 확산되기 전에 미리 대응할 수 있다.

수확 작업에도 로봇이 활용된다. 바헤닝언UR의 에릭 페케리트Erik Pekkeriet 교수 팀에서는 토마토나 오이 등의 작물을 자동으로 수확하는 로봇을 개발하고 있다. 로봇 팔이 작물 사이의 통로를 이동하면서 집게나 칼로 작물을 직접 수확하는 방식이다. 지금까지는 작물이 상하지 않도록 수확하는 단계까지 이르렀는데, 아직은 작동해야 하는 부위가 많아 수확하는 데 오랜 시간이 걸리지만 향후에는 구조를 단순화하여 작업의 효율성을 높일 계획이다.

목축에서도 로봇이 활약한다. EU 국가 전체에서는 상자형의 닭장을 사용하지 못하도록 되어 있다. 알을 낳는 용도로 사육하는 닭도 햇볕이 일정량 이상 들어오는 공간에 풀어 놓고 키워야 한다. 이와 같은 인도적인 사육 환경을 조성함으로써 닭의 건강과 달걀의 품질이 향상되기는 했지만 사람이 닭장을 누비면서 일일이 달걀을 수거하는 방식이므로 수확에 많은 품이 들었다.

최근에는 여러 종류의 달걀 수거 로봇이 개발되어 상용화를 기다리고 있다. 카메라로 달걀을 인식하면 이를 로봇이 가지고 다니는 바구니에 담는 방식이다. 농부는 전원을 넣고 달걀이 수거되기를 기다리기만 하면 된다.

유럽 국가들에서 이처럼 농업 로봇을 활용하는 데 적극적일

달걀 수거 로봇. 로봇에 달린 카메라가 바닥에 있는 달걀을 감지하고 달걀을 집어 올린다. 센서와 카메라가 더 정밀해지면 농부들에게 큰 도움을 줄 것이다.

수 있었던 배경은 철처하게 진행된 규격화였다. 유럽의 농촌은 기계화 비율이 높기 때문에 밭의 규격도 농기계를 활용하기 좋게 맞추어져 있다. 이랑의 폭을 트랙터 바퀴 사이의 거리에 맞게 조절하거나 고랑을 타이어의 폭에 맞추는 식이다.

　이처럼 규격화된 밭은 그 형태를 인식하고 분석하기 쉬우므로 로봇이 멀쩡한 작물들을 밟고 다니는 사태를 피할 수 있다. 규격화는 산지의 비율이 매우 높은 우리나라에는 적용하기 쉽지 않지만, 가지를 일정한 규격대로 맞추어 정리하거나 화분을 규칙적으로 배열하는 것만으로도 수확용 로봇의 효율성과 정확성을 높일 수 있다.

# 스마트 유통이 제시하는 미래 농업

정밀농업과 로봇을 이용한 농업은 환경에 악영향을 덜 미치고 효율성이 높지만, 시설이나 시스템과 같은 초기 투자 비용이 만만찮다. 농업도 산업이고 농부도 경영자이므로 투자 비용을 조기에 회수할 수 있어야 산업으로서 지속성을 지닐 수 있다. 스마트 농업의 장점이 많다고 해도 실제 소득과 연결되지 않으면 무의미하다는 이야기이다. 이 때문에 최근에는 스마트 농업에 유통과 소비까지 포함시키는 추세이다. 소비지와 최대한 가까운 곳에 생산지를 조성하여 운송 과정에서의 비용과 에너지 소모를 줄이는 것은 물론이고 유통 과정을 대형화, 자동화하려는 노력도 활발하다. 생산 과정의 자동화에 큰 역할을 한 규격화는 여기에서도 힘을 발휘한다.

네덜란드 암스테르담 인근에 위치한 알스미어(Alsmeer)의 화훼 경매장은 농산물 유통의 자동화를 보여 주는 사례이다. 알스미어 경매장에는 호가(呼價)[5] 를 외치는 목소리도, 분주하게 손을 드는 사람도 없다. 거대한 창고 공간에 일정한 규격에 맞추어 배치된 각양각색의 꽃들만 쌓여 있을 뿐이다. 로봇이나 지게차는 아마존의 물류 창고처럼 이 사이를 조용히 움직이며 낙찰된 꽃들

---

5   팔거나 사려는 물건의 값을 부름.

알스미어의 화훼 경매장. 넓은 창고형 공간에 지게차와 운송용 로봇만 오간다. 경매는 별도의 공간에서 전산망을 이용함으로써 공정성과 투명성을 높였다. 이러한 방법으로 많은 물량을 빠르게 소화할 수 있다.

을 지정된 장소로 나른다. 생산에서부터 수확, 운송까지 모든 과정이 동일한 규격에 맞추어 진행되기 때문에 입고나 출고 시 물건을 별도로 정리할 필요가 없으므로 경매는 매우 빠르게 이루어진다. 경매는 야구장의 중계석처럼 생긴 별도의 공간에서 전산망을 통하여 진행된다. 이러한 방식을 통해서 대규모 물류를 신속하게 처리함으로써 소비자에게 더 신선한 꽃이 전달되어 상품의 부가 가치를 높일 뿐만 아니라 출하와 운송 과정에 투입되는 에너지도 줄일 수 있다.

네덜란드의 대표적인 과일과 채소 산지인 베스틀란트(Westland)

에서는 수확부터 분류, 포장까지 일괄적으로 진행되는 모습을 볼수 있다. 온실 바닥에 배치된 온수관은 레일 역할도 하는데, 이 온수관을 따라 대차(臺車)⁶ 가 자동으로 움직이면서 수확된 작물을 실어 나른다. 이렇게 수확된 작물은 선별장으로 운반되어 색, 크기, 무게 등을 측정한 후 일정한 양만큼씩 포장되고, 규격화된 펠릿(pallet)⁷ 에 차곡차곡 쌓여 경매장으로 운송된다. 이 모든 과정이 대부분 자동으로 진행되므로 가족 단위의 노동력만으로도 대규모 온실을 충분히 관리할 수 있다.

이탈리아 밀라노에서 열렸던 '엑스포 밀라노(Expo Millano) 2015'에서는 농산물 유통의 미래를 엿볼 수 있다. 이탈리아의 슈퍼마켓 체인인 COOP은 소매 현장에서 소비자들이 농산물 정보를 쉽게 확인함으로써 부가가치를 높일 수 있는 시스템을 제안하였다. 매대 위쪽이나 옆에는 대형 전광판과 리더가 있어서, 고객이 집어든 제품의 상세 정보를 알아보기 쉬운 인포그래픽 형식으로 나타내는 것이다.

여기에는 해당 제품의 열량이나 영양소, 당도와 같은 정보뿐 아니라 생산 과정에서 소비된 탄소의 양, 제초제 사용 여부, '공정무역'과 같은 윤리적 경영 정보까지 각종 정보가 제시된다. 이러한

---

6  차체를 지지하여 차량이 레일 위로 안전하게 달리도록 하는 바퀴가 달린 차. 철길을 따라 차량이 움직이게 하며 차틀과 차체로부터 짐을 받아 레일에 전달하며 차량의 흔들림을 줄이는 역할을 한다.

7  화물을 쌓는 틀이나 대(臺). 지게차로 하역 작업을 할 때에 쓴다.

2015 밀라노 박람회에 출품된 COOP의 유통 시스템. 매대 위쪽에 설치된 전광판에 고객이 고른 물건의 상세 정보가 표시된다. 사진에는 원산지 정보만 나와 있지만 탄소 발자국이나 적용된 농법과 같은 정보들도 제공된다. ©Windows Blog Italia

정보는 스마트 농업으로 생산된 작물에 별도의 부가 가치를 더해 주어 농가 소득을 늘리고 친환경적·윤리적 농법을 적용하는 데 중요한 동기를 제공한다.

　스마트 농업은 투입 자원과 노동력을 줄이기는 하지만 역으로 에너지 소비는 늘린다. 따라서 유럽 농촌에서는 점점 늘어나는 에너지 소비량을 충당하는 방법을 당면 과제로 삼고 있다. 이 때문에 많은 농가에서는 신재생 에너지를 이용한 전력 자급에 관심을 기울이고 있다. 일찍부터 보조금 제도를 시행했던 독일에서는 풍력 발전기를 설치하여 농장에서 소비하고 잉여 전력을 판매하는 농가를 쉽게 볼 수 있다. 네덜란드와 덴마크의 낙농가에서는 가축의 분뇨와 같은 다량의 폐기물을 이용한 바이오에너지 플랜트를 많이 활용한다.

지역 단위의 에너지 순환을 고민하는 경우도 있다. 베스틀란트는 온실 농업을 위주로 하는 지역이기 때문에 에너지 소비량이 큰 편인데, 이 지역의 공장에서 발생한 폐열을 농가에 공급하는 사업도 추진하고 있다.

유럽의 스마트 농업 사례는 국내에서 간과하고 있었던 부분을 잘 보여 준다. 그간 국내에서는 '스마트'라는 수식어에 집착한 나머지 ICT와의 융복합만 떠올리는 경우가 많았다. 그러나 고령 인구

독일의 한 농가에 있는 바이오 수소 생산 시설. 제법 규모가 있는 농가에서는 이처럼 별도의 신재생 에너지 생산 시설을 갖춘 경우가 많다.

가 대부분인 우리나라의 농촌 현실에서 ICT가 얼마나 받아들여질 수 있을지는 생각해 볼 문제이다. 대다수의 농가가 영세한 상태에서 몇 가지 단일 기술만 도입한다고 해서 농업이 '스마트'해지지는 않는다. 스마트 농업은 기술이 아닌 시스템 전반을 아우르는 개념이기 때문이다. 그렇다면 구체적으로 무엇을 해야 할까? 앞서 소개한 '프리바'와 같은 전문 기업들이 그 해답을 제시한다.

## 바다 밑의 땅, 네덜란드를 농업대국으로 만든 원동력

네덜란드인들은 독보적인 사업 수완으로 유명하다. 네덜란드 독립의 계기는 종교나 정치적 자유가 아니라 사업권을 침해받지 않기 위해서였다. 영어권의 'go Dutch[8]'라는 표현도 이 때문에 등장하였다. 네덜란드인의 사업 수완은 농업에서도 여지없이 발휘되었다. 1880년대만 해도 농업을 등한시했었던 네덜란드에서는 한

---

8  각자 비용을 부담한다는 뜻. 국내에서는 흔히 더치(네덜란드인의) 페이로 쓰이며 영국인들이 당시 사이가 나빴던 네덜란드인들을 장삿속이 대단하다며 비꼬는 의미로 사용하기 시작했다.

차례 식량 위기를 겪고 난 후, 농업 국가로 탈바꿈하여 지금은 세계 2위의 식량 수출국으로 자리 잡았다. 네덜란드 전체 수출액 중 20%가량을 농산물이 차지할 정도이다. 이러한 변화의 근간에는 농가와 연구 기관, 기업이 긴밀하게 연계된 선진적인 농업 시스템이 있었다. 특히 네덜란드 농업의 상당 부분을 차지하는 온실 농업에서는 기업들의 활약이 돋보인다.

세계적으로 유명한 네덜란드의 농산물이라고 하면 아마 튤립을 떠올릴 것이다. 실제로 네덜란드 화훼 시장의 거래량은 세계 최고 수준을 자랑한다. 그러나 세계 2위의 토마토 수출국이 네덜란드라는 사실을 아는 사람들은 그리 많지 않다. 그리고 네덜란드의 토마토가 한때 '물폭탄(water bomb)[9]'이라고 불릴 정도로 유럽의 조롱거리였다는 사실을 아는 사람들도 별로 없다.

유럽에서 토마토의 주산지는 스페인이었는데, 네덜란드에서 토마토를 재배한다고 했을 때 스페인 사람들이 비웃었을 정도였다. 토마토는 쌀쌀한 날씨에 일조량도 시원찮은 네덜란드 환경에서는 제대로 자라기 어려운 작물이었다. 거기에 땅은 소금기까지 있어 토마토 재배에 최악의 조건을 모두 갖추고 있었다. 자연조건만으로 따졌을 때 토마토 시장은 포기하는 것이 당연했다.

---

9  네덜란드에서 1980년대에 지나치게 생산성에만 치중하여 당도도 떨어지고 거칠며 맛이 없는 토마토가 생산되었고, 이 때문에 독일 등 수입국에서 놀림조로 일컫던 표현이 '물폭탄'이었다.

프리바의 시스템이 적용된 토마토 온실. 토마토를 직접 땅에 심지 않고 화분에 심어서 지면으로부터 일정 거리를 떼어 놓는다. 화분 아래쪽에는 물과 영양소를 공급하는 파이프가 지나가면서 각각의 화분에 꼭 필요한 만큼만 물과 영양소를 공급한다. ⓒPRIVA

경제 논리로 접근해 보면, 토마토 대신 다른 경쟁력 있는 작물을 재배하는 것이 더 합당했다. 그러나 네덜란드 농부들은 그런 상식을 받아들이지 않았다. 그들은 바다를 메워 육지를 만든 국민답게 '자연조건이 불리하면 만들면 된다.'는 역발상으로 접근했다. 바로 유리 온실을 이용한 농업이었다.

온실 농업은 날씨와 기후에 구애 받지 않으면서도 작물이 생장하는 데 필요한 환경을 최적으로 조절할 수 있어서 생산량과 품질이라는 두 마리 토끼를 한 번에 잡을 수 있다. 실제로 토마토 재배에 적합한 자연조건을 갖춘 그리스보다도 네덜란드의 단위 면적당 토마토 생산량은 10배에 달하고 품질 면에서도 높은 평가를 받고 있다. 이러한 성공 신화의 이면에는 기술력과 시장성을 두루 갖춘 기업들이 포진해 있다. 네덜란드 남부 지역이 이러한 기업들의 본거지 역할을 한다.

실제로 암스테르담(Amsterdam)에서 남부의 덴 하흐(Den Haag)로 가는 고속도로의 양 옆으로는 비워 두는 땅이 거의 없을 정도로 방목지와 온실과 농가가 끝없이 펼쳐진다. 특히 덴 하흐 근처에 이르면 거대한 온실들이 다른 곳에서는 보기 힘든, 독특한 풍광을 자아낸다. 앞서도 소개한 프리바는 덴 하흐 근처에 자리잡은 기업이다.

1959년 가족 기업으로 출발한 프리바에서는 온실 안을 따뜻하게 유지하는 설비를 주로 생산했다. 그러다가 점차 실내 환경을

프리바 사에서 최초로 만든 제품. 온실 내부를 따뜻하게 유지하는 단순한 장치였다. ©PRIVA

프리바 본사 박물관에 있는 3세대 중앙 처리 장치. 프리바에서는 온실 환경 관리에 ICT를 접목하면서 미래 농업의 선두 주자로 성장할 수 있었다. ⓒPRIVA

모니터링하고 제어하는 설루션을 개발하면서 지금과 같은 규모로 성장할 수 있었다. 1980년대부터는 총 464명의 직원 중 100여 명이 해외 지사에서 일할 정도로 해외 진출도 활발하다.

국내에도 1990년부터 일부 농가에 프리바의 설비가 도입되었다. 프리바의 성장 비결은 주변의 시설 농가와 전문 인력이다. 프리바는 시설 농가가 밀집된 곳에 자리 잡은 덕분에 농가의 피드백을 바탕으로 실제 농업 현장에 최적화된 시스템을 빠르게 개발할 수 있었다. 이러한 피드백은 수많은 연구 인력이 새로운 기술을 시험하고 문제점을 보완하는 데 좋은 참고가 되었다.

프리바 본사에서만 R&D(Research and Development)[10] 인력이 전

---

10  연구개발. 인간·문화·사회를 망라하는 지식의 축적 분을 늘리고 그것을 새롭게 응용함으로써 활용성을 높이기 위해 체계적으로 이루어지는 창조적인 모든 활동.

체 직원의 30%에 달한다. 그런데 왜 하필 온실이었을까? 그 이유는 1970년대부터 네덜란드에서 토양 '세척'이 전면 금지되었기 때문이다.

토양 세척은 세척제를 이용하여 토양 속의 다양한 오염 물질을 제거함으로써 농업 생산성을 향상시키는 방법으로, 농경지를 최적의 상태로 회복하는 데 종종 이용된다. 그러나 땅이 귀한 네덜란드에서 토양 유실이나 주변 환경의 오염은 커다란 문제가 될 수 있었다. 이를 우려한 네덜란드의 시설 농가에서 선택한 방법은 땅에서 벗어나는 것, 바로 화분을 이용한 재배였다.

네덜란드의 시설 농가 중 상당수는 수많은 화분에 작물을 심어 재배하고 있다. 이 재배 방법의 장점은 작물이 자라는 환경을 제어하기 쉽다는 것이다. 프리바의 설루션은 온도와 습도를 일정하게 유지하는 한편 화분에 공급되는 수분과 영양소를 최적의 상태로 조절함으로써 온실 속 작물들이 자라는 환경을 최대한 완벽하게 제어하는 것을 목적으로 하고 있다.

대표적인 사례로 프리바 인근의 토마토 농가를 들 수 있다. 이 농가의 거대한 온실에는 토마토를 심은 화분이 가지런히 줄지어 있다. 그리고 프리바의 로고가 새겨진 파이프가 그 사이를 가로지르면서 물과 영양소를 공급하고, 온실 천장에 설치된 여러 개의 환기 장치가 실내의 공기를 순환시킨다. 온실 곳곳에 자리잡은 센서는 실내의 온도와 습도를 상시적으로 모니터링하고, 각각의 화분에 설치된 센서는 흙의 산성도와 무기 염류의 양, 잔류 수분의

온실의 센서가 온실 내부의 환경을 상시적 으로 모니터링하고, 농부는 모
니터링을 통하여 수집된 정보를 스마트폰으로 확인하면서 실내 환경을
조절할 수 있다. 이러한 원격 환경 제어를 통해서 농작물이 최적의 환
경에서 자랄 수 있는 여건을 만들어 줄 수 있다.   ⓒPRIVA

양을 확인한다.

　이렇게 수집된 정보들은 농장 내 전산망을 통하여 중앙 시스
템으로 전송된 후 알아보기 쉬운 형태로 정리된다. 농부가 휴대용
단말기에 실시간으로 표시된 정보를 확인하여 자신만의 노하우

에 따라 관리 기준을 설정하면 지정한 기준에 부합하도록 실내 환경이 자동으로 조절된다.

프리바의 솔루션은 '식물이 원하는 바를 해 준다.'로 요약할 수 있다. 실내 온도가 너무 높으면 식물들은 기공을 열고 호흡을 활발하게 해서 체온을 낮추게 되고 그 결과 습도가 올라간다. 센서가 높아진 습도를 '작물들이 덥다.'라는 신호로 인식하면 중앙 처리 장치에서는 태양광을 차단하고 환기 시스템을 가동시켜 내부의 온도를 낮춘다. 식물이 내보내는 신호를 파악해서 식물들이 가장 편하게 생장할 수 있는 환경을 만들어 주는 것이 프리바 시스템의 운영 철학인 셈이다.

## 키워드는 가치 사슬의 창조

프리바의 전략에서 돋보이는 점은 발상의 전환이다. 프리바의 설루션은 단말과 중앙 처리 장치로 구성된 메인 프레임, 즉 컴퓨터를 이용한 자동 관리 시스템이라고 볼 수 있다. 그러나 이는 사람의 관점이다. 작물의 관점에서 해석하면 작물이 생장할 수 있는 쾌적한 여건을 만들어 주는 '환경 조절' 시스템이다. 인위적인 조작보다 생물 고유의 생장 능력에 더 초점을 맞춘 셈이다.

프리바 본사의 내부 전경. 프리바 사에서는 최상의 성과를 내기 위하여 최적의 환경을 조성한다는, 당연한 원칙을 따른다. 그러나 이 당연한 원칙이 농업에서는 일찍이 심도 있게 고려된 바가 거의 없다.
© PRIVA

이는 사람들이 가장 편한 상태에서 최고의 능률을 발휘하는 것과 마찬가지이다. 실제로 프리바 본사에서는 직원들이 최대한 쾌적하게 느낄 수 있도록 공간을 배치하였다. 결국 프리바의 운영 철학은 얼핏 보기에 생명을 중시하는 형이상학적인 관점처럼 보이지만, 철저하게 합리적이고 경제적인 필요에 부합한 것이다. 관리자가 아닌 수혜자의 관점에서 해석하면 환경 요소들을 정확히 필요한 만큼만 조절할 수 있기 때문에 적은 투자로도 최대한의 효과를 낼 수 있는 것이다.

이러한 철학과 원칙은 사람에게도 똑같이 적용될 수 있다. 실제로 프리바에서는 온실 시스템에서 쌓은 경험을 바탕으로 1980년대부터는 사무 환경이나 주거 환경 조절 시스템 시장에도 진출했다. 현재 암스테르담 무역 센터, 대형 마트 등 네덜란드에 있는 주요 건물들에는 프리바의 환경 조절 시스템이 적용되고 있다. 최소한의 에너지로 쾌적한 상태를 유지하는 것이 프리바 시스템의 역할이다.

프리바 외에도 세계적으로 많은 기업에서 식물의 생장 환경을 자동으로 조절하는 시스템 시장에서 활약하고 있다. 이들 기업의 관심사는 '농장 빌딩'을 실현하는 데까지 이르렀다. 농장 빌딩은 건물의 옥상에 온실을 설치하여 농작물을 재배하고, 수조 형태로 되어 있는 건물 내부에 물을 채워 물고기를 양식한다. 이러한 건물은 빌딩 형태이므로 소비지 가까운 곳에 설치할 수 있어서 운송에 필요한 에너지를 절약할 수 있다. 뿐만 아니라 물고기가 만들어 낸 질소 노폐물을 농작물의 비료로 사용하고, 농작물이 광

합성으로 만들어 낸 산소를 수조에 공급하여 농경과 양식에 따른 공해를 줄일 수도 있다.

농장 빌딩 자체만으로도 놀라운 아이디어이지만 이는 미래의 농업 환경에 이르는 중간 단계에 가깝다. 농장 빌딩의 진정한 가치는 '소비지에 가까운 곳에 생산지를 둠으로써 유통 과정을 단축한다.'는 데에 있다. 즉, 에너지와 자원을 최소화하고 농업이 지역과 밀착될 수 있도록 함으로써 지속할 수 있는 가치 사슬을 만들어 내는 것이다.

농작물을 재배하고 분배하는 과정에서 에너지가 과소비되고 환경에 피해가 발생한다면 농업이 지속되기 힘들다. 이미 인류는 고대 로마에서, 중세 유럽에서, 조선 시대의 한반도에서 이와 같은 사례를 숱하게 겪었다. 그렇지만 운송 과정을 최적화하고, 공장에서 발생한 이산화탄소를 농업에 활용하며, 발전소의 폐열을 시설 난방에 사용하는 식으로 에너지와 물질의 흐름을 만들고 이를 적절히 제어한다면 어떨까?

오랫동안 지속할 수 있으면서도 부가가치가 높은 농업 환경을 만들 수 있을 것이다. 농업 기술이 상대적으로 뒤처진 우리나라에게는 요원한 일처럼 보이지만 이미 우리도 프리바의 현장 네덜란드에서 미래의 농업을 위하여 움직이고 있다.

# 바헤닝언UR로 엿보는
# 스마트 농업

네덜란드의 동부 지역과 서부 지역의 풍경은 사뭇 다르다. 암스테르담과 덴 하흐를 중심으로 한 서부 지역은 사람들에게 흔히 알려진, 운하와 무역업이 발달한 고풍스러운 항구 도시이다. 그러나 기차로 30~40분만 동쪽으로 가면 우리나라 호남의 넓은 평야 지대를 연상케 하는 완만한 들판이 펼쳐진다. 평지가 대부분인 네덜란드에서 드물게 숲을 볼 수 있는 곳이다. 네덜란드를 대표하는 첨단 농업의 중심지가 바로 이곳, 그중에서도 에데(Ede)와 바헤닝

바헤닝언UR의 본관 동. 최근 들어 바헤닝언UR을 찾는 우리나라 사람들이 많아지고 있다. ©WUR

바헤닝언UR의 루멘(Lumen) 캠퍼스. 건물 전체가 거대한 온실이다. 바헤닝언UR은
연구 공간과 실증 공간, 업무 공간이 유기적으로 얽혀 있다는 것이 특징이다. ©WUR

언이라는 시골 마을에 자리 잡고 있다. 바로 바헤닝언UR이다. 바헤닝언은 농업 선진국인 네덜란드의 기술이 우리나라로 들어오는 창구이기도 하다. 한국 농업 기술 진흥원에서는 바헤닝언UR에 상주 연구원을 파견하여 지속적으로 공동 연구 사업을 펼쳐 오고 있다. 이들 상주 연구원은 바헤닝언UR에 유학 중인 한국인 네트워크의 구심점 역할도 한다.

그러면 우리나라에서는 왜 미국이나 러시아가 아닌 네덜란드를 선택하였을까? 미국이나 러시아의 농업은 '규모의 농업'이다. 거대한 경작지를 첨단 기술과 기계의 힘을 빌려 운영하는 것이다. 경작지가 넓은 만큼 경작지 곳곳을 세밀하게 관리하기보다는 거시적인 관점에서 다루는 '매크로 매니지먼트(macro management)[11]'가 주를 이룬다.

이에 비해서 우리나라의 1인당 경작지 면적은 훨씬 좁다. 이 때문에 미국과 러시아의 방식을 우리나라에 적용하는 것은 당연히 어려운 일이다. 그에 비해 네덜란드는 경작지가 그리 넓지 않아서 '마이크로 매니지먼트(micro management)[12]'가 발달했다. 우리나라로서는 미국이나 러시아보다 네덜란드의 농업에서 배울 점이 더 많은 것이다.

---

11  거시관리(巨視管理). 사물이나 현상을 전체적으로 분석, 파악하여 관리하는 방식.

12  미시관리(微視管理). 사물이나 현상을 전체적인 면에서가 아니라 개별적으로 포착하여 분석하고 관리하는 방식.

네덜란드의 농경지. 네덜란드는 우리나라와 비슷하게 인구 대비 농지가 좁은 편이다. 자연히 집약적인 농업이 발달했지만 우리나라와 달리 세계적인 식량 수출국이다. 이는 산업 구조의 차이에서 비롯된 것이다. ©Bjoertvedt

　네덜란드와 우리나라의 농업 환경은 닮은 점이 제법 많다. 네덜란드의 영토는 우리나라의 절반 수준이며, 인구 밀도는 우리나라와 엇비슷하다. 그런데도 유럽에서도 드물게 식량을 수출하는 국가 중 하나일 뿐 아니라 미국에 이어 세계 2위의 농산물 수출국이다. 이런 차이는 바로 '정보'와 '자동화'에 있다.

# 정밀농업과 상담하기

바헤닝언UR의 '라딕스(Radix)' 캠퍼스에 연구실을 둔 코르네 켐페나르Corné Kempenaar 교수는 농업도 제조업이나 다를 바 없는 '산업'이라는 사실부터 유념해야 한다고 강조한다. 네덜란드에서는 경작지만 있으면 쉽게 시중 은행의 투자를 받아 농경 시설을 구축할 수 있다.

'지원'이 아닌 '투자'의 성격이기에 한 번에 많은 자금을 확보할 수 있고, 첨단 농법에 필수적인 초기 투자 비용 문제가 손쉽게 해결된다. 이를 기반으로 빠르게 생산량을 끌어올리고 투입 자본을 조기에 회수하는 선순환 구조가 가능하다.

코르네 켐페나르 교수는 '스마트'가 경제적인 개념이라는 점을 강조한다. 적은 노력으로 최대한의 성과물을 얻는 것이야말로 스마트의 본질이라는 것이다.

켐페나르 교수의 정의에 따르면, 미래의 농업은 최소한의 자본과 노동력을 투입해서 최대한의 산출물을 얻으려는 전략인 셈이다. 수익을 얻기 위해서는 적은 투자로 많은 성과물을 얻어야 한다는 것은 일반적인 상식이다. 평범한 사람을 기업가로 바꾸는 것은 '어떻게'이고, '어떻게'의 내용을 채우는 것은 과학 기술이다. 투입 요소를 통제하기 어려운 농업에서는 과학 기술이 특히 중요하다.

산출량을 극대화하려면 작물이 자라는 데 이상적인 상태인 '최적 상태'를 오래 유지해야 하는데, 여기에 필요한 것이 바로 '정보'이다. 더욱이 네덜란드처럼 경작지가 넓지 않은 곳이라면 단위 면적당 생산량을 최대한 끌어올려야 하므로 자세하고 구체적인 정보가 필요하다. '정밀농업(precision farming)'이라는 표현도 이 때문에 생긴 것이다.

정밀농업은 개인화된 의료 기술과 비슷한 면이 있다. 작물들도 개체마다 처한 환경이나 생장 특성이 다르다. 어떤 작물은 물은 많지만 양분이 적은 곳에 있을 수 있고, 어떤 작물은 양분과 물은 풍부하지만 단단한 토양 때문에 뿌리가 충분히 발달하지 못할 수도 있다. 두 작물은 같은 밭에 있더라도 처한 상황이 다르므로 각각 다른 조치를 취해 주어야 한다. 정밀농업이란 이처럼 작물 하나하나의 상황을 분석해서 그에 맞는 조치를 해 주는 것을 말한다.

정보를 얻는 방법은 다양하다. 위성 사진을 활용하여 농경지의 모든 상태를 한눈에 파악할 수도 있고, 농장이나 온실 여기저기에 센서를 설치하여 온도와 습도, 이산화탄소의 양을 실시간으

드론을 농업에 이용하려는 연구는 미국과 캐나다 등 대단위 농업이 주를 이루는 곳에서 추진 중이지만, 드론은 네덜란드처럼 정밀농업이 발달한 곳에서도 유용하다. 최근에는 카메라를 이용하여 농작물의 상태를 개체별로 파악하고 데이터베이스화하는 연구가 한창이다.  ©agribusiness

로 알 수도 있다. 일정한 간격으로 땅속에 매설한 센서로 각종 영양 물질의 양이 장소에 따라 어떻게 다른지 알아낼 수도 있고. 농기계의 날이나 바퀴에 센서를 장착하거나 드론을 이용하는 방법도 있다.

## 경제성이 곧 친환경성

이렇게 수집한 정보는 빅 데이터 분석과 같은 데이터 처리를

통하여 사용자인 농부들이 쉽게 이해하고 활용할 수 있는 형태로 제시된다. 여기에 식물의 생장에 필요한 원소들을 추가로 공급하거나 토양 상태에 따라 최적의 pH를 맞추어 주는 것처럼 일정한 공식에 따라 결과를 산출할 수 있는 작업들은 상당 부분 자동화되어 있다.

농업 현장에서 얻은 정보는 다양한 농기계로 피드백된다. 예를 들어 밭에 비료를 뿌리는 트랙터에 농장 곳곳의 영양 성분 정보를 반영하는 식이다. 트랙터의 양쪽으로 길게 뻗은 비료 살포용 팔에는 식물에 필수적인 영양소 하나하나가 따로 담긴 봄베(bombe)[13]가 연결돼 있다. 각 봄베에는 각각 다른 숫자와 알파벳이 적혀 있다.

작물이 제대로 자라기 위해서는 생장에 필요한 모든 성분이 충분히 공급되어야 한다. 그러나 식물이 흡수하지 못한 성분들은 그대로 토양에 남거나 유실되므로 성분이 많다고 좋은 것만은 아니다. 따라서 작물에 필요한 최소한의 양을 계산해서 그에 맞게 주어야 한다. 트랙터에 장착된 봄베에는 각각 질소, 인, 황, 칼륨 등 식물의 생장에 영향을 주는 단일 영양소 성분들이 들어 있다. 농장의 센서로부터 얻은 영양소 정보는 봄베의 성분들을 배합하

---

13 고압 상태의 기체를 저장하는 데 쓰는, 두꺼운 강철로 만든 용기. 흔히 압력계가 장치되어 있어 내부의 압력을 알 수 있다. 대개는 원통 모양으로 생겼는데 액화 기체를 저장하기도 한다.

정밀농업과 결합된 트랙터의 시비(施肥) 시스템. 식물 생장에 필요한 각각의 개별 성분들이 별도의 봄베에 보관된다. 봄베의 각 성분은 트랙터에서 양쪽으로 뻗어 나온 팔의 노즐로 연결된다. 노즐은 농경지 정보에 따라 개별적으로 제어되어 필요한 곳에 필요한 양만큼만 비료를 공급할 수 있다. ⓒ농촌진흥청

는 시스템에 활용된다. 토양 속의 칼륨이 필요량보다 적은 곳이라면 칼륨 성분을 양을 늘려서 시비하고, 질소가 지나치게 많은 곳에는 질소를 적게 배합하여 시비하는 식이다. 이러한 성분 조절은 장소에 따라 다르게 적용된다.

트랙터에서 뻗어 나온 팔에 달린 살포용 노즐은 개별적으로 작동시킬 수 있다. 그래서 트랙터가 밭에서 이랑을 따라 앞으로 움직이기만 해도 노즐이 있는 곳의 토양 정보에 맞추어 봄베의 성분이 최적으로 조절되어 비료를 분사한다. 농지 곳곳에 정확히 필요한 양만큼만 비료를 줄 수 있으므로 비료를 적게 쓸 수 있다. 결국 농업에 필요한 자원이나 노동력 투입량을 최소한으로 줄일 수 있는 것이다.

정밀농업의 가치는 여기에 있다. 작물이 필요로 하는 양만큼만 비료를 적용함으로써 작물의 품질을 높일 수 있을 뿐 아니라 경작 비용도 낮출 수 있어 작물의 경쟁력은 전반적으로 향상된다. 뿐만 아니라 농경지의 지속 가능성을 높이는 데에도 큰 도움이 된다. 이는 흔히 '친환경 농업은 생산성이 떨어진다.'거나 '친환경 제품은 비싸다.'라는 선입견에 정면으로 배치된다. 이러한 선입견은 현재의 친환경 농업이 대규모 농경의 문제를 해결하기 위하여 과거의 생산성 낮은 농업 형태로 되돌아가는 식으로 이루어졌기 때문에 생긴 것이다. 그러나 기술을 적절히 활용한다면 생산량과 품질은 높이면서도 전통 농법에 비하여 친환경적인 방식으로 식량을 생산할 수 있다. 투입 요소를 줄여 이익을 극대화하는 경제적 행동이 결국은 환경을 보호하는 셈이다.

# 단순 노동을 대신하는
# 로보틱스 기술

비료 이상으로 환경에 악영향을 주는 요소는 농약이다. 우리나라처럼 비에 의한 토양 유실률이 높은 곳에서는 과도하게 사용한 농약이 주변으로 확산되어 2차 피해를 일으키기도 한다. 잡초를 일일이 뽑아서 제거하려고 해도 노동력이 만만치 않다. 이 때문에 제초 작업을 자동화하려는 연구도 활발하다. 실제로 EU에서는 네덜란드, 독일, 덴마크를 중심으로 단순 노동을 농업 로봇(agribot)으로 대체하려는 연구가 활발히 이루어지고 있다.

바헤닝언에서 박사 후 과정에 있는 서현권 박사는 농업 로봇 연구의 최전선에서 야외 농장 환경에서 잡초를 스스로 제거할 수 있는 로봇을 개발 중이다. 서 박사가 개발하고 있는 로봇은 농작물과 잡초를 구분하여 정확히 잡초에 필요한 양만큼의 농약을 뿌릴 수 있다. 전원만 켜면 더 이상 신경 쓸 필요가 없는 로봇 청소기처럼 이 로봇으로 고된 김매기 작업을 손쉽게 해결할 수 있는 것이다. "예전에는 스테레오 카메라를 이용해서 시각 정보를 분석하는 방법으로 잡초를 구분하려 했어요. 하지만 로직이 복잡하

다양한 농업 로봇들. 농업 선진국을 중심으로 농업 로봇을 활용하는 일이 보편화되고 있다. ©GRDC

고 오차율이 높아서 방법을 바꿨습니다. 지금은 '반직관적 형상 (counterintuitive feature)' 분석 기술을 적용하고 있습니다. 이 기술은 작물의 형태나 위치와 같은 고정된 패턴을 입력하고 여기에서 벗어나는 요소들을 찾아내는 방법입니다. 축구 경기의 선수별 활동량 분석과 같은 곳에 반직관적 형상 분석 기술이 활용되고 있어요. 이 방법을 통하여 지금은 98% 정도의 정확도를 달성했습니다."

이 정도면 상용화를 눈앞에 두었다고 보아도 좋을 수준이다. 농업 로봇이 비교적 새로운 기술이라고는 하지만, 많은 기업에서 벌써 활발하게 참여하고 있다. 보시와 같은 기업들은 일부 제품들을 상용화하는 데 성공하기도 했다. 그러나 아직 완전한 자동화까지는 해결해야 할 과제가 많다.

"로봇이 정보를 판독해서 잡초인지 아닌지 구분하려면 주변

온실에서 가동되는 무인 운송 시스템. 수확 로봇과 결합하면 작물의 수확 과정 전체를 자동화할 수 있다. 거대한 온실을 운영하는 데 필요한 인력도 2~3명이면 충분한 수준이다. ⓒ농촌진흥청

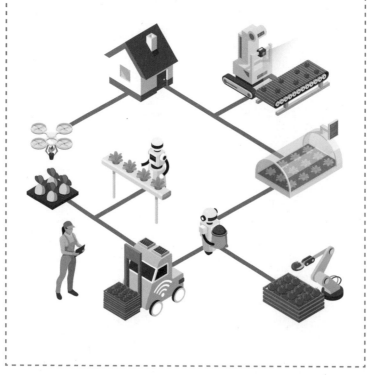

정밀농업, 로보틱스 기술 그리고 스마트 유통

환경을 엄격하게 통제해 주어야 해요. 그래서 대부분의 잡초 제거 로봇은 판독 장치 주변에 암막을 치고 별도의 광원을 이용해서 판독하지요. 이렇게 하면 정확성은 높일 수 있을지 몰라도 범용성은 떨어져요. 시각 정보를 분석하는 방법에서 패턴을 인식하는 방향으로 방법을 선회한 이유도 암막과 같은 번거로운 보조 장치를 쓰지 않으려는 것이었습니다."

　암막을 제거한 덕분에 서 박사의 로봇은 기존의 잡초 제거 로봇보다 훨씬 작고 간편한 형태로 농장과 온실 구석구석을 돌아다닐 수 있었을 뿐 아니라, 주요 부품들을 모듈화함으로써 센서 모듈이나 농약 살포 모듈을 갈아 끼우는 것만으로 다양한 역할에 대응할 수 있었다. 농약 살포 모듈 대신 잡초의 뿌리를 태울 수 있는 레이저 장치를 달아 유기농에 활용할 수도 있고, 곳곳의 토양이나 대기 환경을 분석할 수도 있다.

　바헤닝언UR에서 접할 수 있는 다양한 사례는 농업 기술의 도입과 함께 인식의 전환이 필요하다는 점을 보여 준다. 농업이 지원이나 진흥책에 의존하지 않고 독자적인 산업으로 자립할 수 있어야 기술과 산업, 농업 사이에 선순환 구조가 형성되어 진정한 미래형 농업이 가능하다는 것이다. 개별 기술보다 농업 시스템 전반에 주목해야 하는 이유다. '배고프지 않은 미래'는 우리가 키우고 먹는 모든 과정 전반을 살펴봐야 실현 가능할 것임을 보여준다. 그리고 그 해답은 무작정 많은 작물을 생산하는 데서 탈피해, 꼭 필요한 작물을 꼭 필요한 만큼만 생산하는 데 있을지도 모른다. 여러 가능성 중 하나지만, 가장 유력한 가능성이다.

## 꼭꼭 씹어 생각 정리하기

4부에서는 현재 진행되는 농업의 새 흐름, 정밀농업과 스마트 농업을 소개했다. 20세기까지의 농업과 달리, 새로운 농업은 불필요한 에너지와 자원 낭비를 막는데 초점을 둔다. 현재 진행 중인 농업의 변화는 이전의 농업과 어떻게 다른지 생각해보자.

### ○ 농업의 지속 가능성
과거 농업은 식량을 공급하는 1차 산업으로 받아들여졌지만, 이제는 지출과 수입, 원자재 소모와 매출을 고민해야 하는 경영으로 접근해야 한다. 농업에 경영 원리를 도입한다는 말이 무엇일지 폭넓게 생각하고 토론해보자.

### ○ 농업과 경제 논리
네덜란드의 사례를 통해 한국에 적합한 현대식 농업의 형태를 살펴보았다. 네덜란드나 덴마크와 같은 나라들의 농업과 한국의 농업이 어떻게 다른지 생각해보자.

### ○ 정밀농업 시스템의 확산
거대한 평야지대에서 하는 대규모 농업과 정밀농업은 어떻게 다른지 비교해보자. 정밀농업의 장점에도 불구하고 대규모 농업을 시행하는 이유에 대해서도 토론해보자.

### ○ 농업 로봇
한국 농가에서도 농업용 로봇을 사용하는 모습을 볼 수 있다. 농업에서 어떤 일을 로봇으로 할 수 있을지, 로봇이 할 수 있는 일의 조건은 무엇일지 알아보자.

### ○ 스마트 유통이 제시하는 미래 농업
미래의 농업은 ICT 기술을 접목한 '스마트 농업'이라고들 한다. 여기서는 정확한 정보처리를 바탕으로 에너지와 자원 소모를 최소화한 유통을 스마트 유통의 하나로 소개한다. 스마트 유통은 중간상인뿐 아니라 소비자에 이르기까지 전 과정에 적용된다. 우리 주변의 스마트 유통의 사례는 무엇이 있는지 찾고 의견을 나눠보자.

○바다 밑의 땅, 네덜란드를 농업대국으로 만든 원동력

네덜란드의 기업 사례를 통해 '스마트'한 농업의 구체적인 방법과 형태를 살펴보았다. 온실을 이용한 농업이 현대식 스마트 농업이 적합한 이유를 생각해보자.

○키워드는 가치 사슬의 창조

네덜란드가 보여주는 농업의 새로운 형태가 식량의 오래된 문제인 지속가능성과 유통을 어떻게 해결할 수 있는지 알려주고 있다. 식량을 소비하는 곳 근처에서 식량을 생산하면 어떤 점이 좋을지 토의해보자.

○바헤닝언UR로 엿보는 스마트 농업

네덜란드의 농업기술을 이끈 대학교 바헤닝언UR의 이야기를 듣고네덜란드에서 기술에 집중할 수밖에 없었던 이유를 생각해보며 이를 한국의 사례에도 적용해보자.

○정밀농업과 상담하기

식물을 키우는 농사와 환자를 돌보는 의료가 비슷한 점은 무엇인지 생각해보고, 농사를 짓는 데 제공되면 좋을 정보에는 어떤 것이 있는지 살펴보고 의견을 나눠보자.

○경제성이 곧 친환경성

서로 양립하기 어려울 것 같아 보이는 경제성과 친환경성을 한번에 잡는 방법을 살펴보았다. 정밀농업에서 다루는 '꼭 필요한 곳에 꼭 필요한 만큼만'의 원칙은 의외로 여러 곳에서 효율을 높이는 데 적용된다. 인터넷 쇼핑몰과 같은 ICT 서비스와 정밀농업이 어떤 점에서 비슷한지 알아보자.

○단순 노동을 대신하는 로보틱스 기술

정보를 바탕으로 정밀농업을 수행하는 손쉬운 방법, 로봇에 대해 알아보았다. 정밀농업 개념 자체는 명료하지만, 작물 하나하나를 관찰하고 손을 대야 하기에 실제로 적용하기는 매우 어렵다. 이를 가능하게 하는 것이 바로 로봇이다. 현재 개발 중인 농업로봇의 사례를 살펴보고 앞으로 어떤 업무도 로봇으로 처리하면 좋을지 생각해보자.

# 맺음말

도시 사람들에게 농촌에서 연상되는 이미지는 꽤나 전형적이다. 구부정한 촌로가 호미를 들고 고단한 발걸음을 떼고, 쏟아지는 뙤약볕 아래에서 땀 흘리는 농부의 모습 등이다. 농업이 철 지난 '사양 산업'인 양 여겨지는 이유도 이러한 스테레오 타입 탓이 크다고 할 수 있다.

그러나 농촌은 분명히 변하고 있다. 세심한 관리가 필요한 화훼(花卉) 농업조차 사람의 손을 최대한 덜 타는 방향으로 진화하고 있다. 수많은 노동자를 동원해 눈으로 일일이 점검하는 방식은 옛말이 된 지 오래다.

커다란 비닐하우스에 가지런히 줄지어 놓인 화분에는 여러 개의 관이 삽입돼 있다. 이 관은 커다란 양분 탱크와 제어 장치로 연결된다. 화분마다 심어진 작물들은 종류에 따라 각각 다른 비율의 물과 양분을 공급받는다. 필요하다면 출하 계획에 맞추어 화분별로 개화(開花) 시기도 조절할 수 있다. 이 모든 작업은 농장주가 간단한 프로그램을 이용해 손쉽게 제어할 수 있다. 사람이 할 일은 때맞춰 작물을 거두고 판매하는 것뿐이다.

얼마 전만 해도 이처럼 첨단 기술을 사용하는 영농 방식은 노인들이나 갓 농사를 시작한 귀농인에게는 접근하기 어려운 일이었다. 오랜 세월 동안 축적된 경험을 바탕으로 복잡한 프로그램을 다뤄야 하는 까닭이다. 그러나 요즘은 농업 기술에 대한 배경지식이 없어도 스마트폰이나 태블릿을 이용해 손쉽게 거대한 농장을 관리할 수 있다. 컨베이어벨트 시스템까지 결합하면 수확에 필요한 일손까지 덜 수 있다. 농업이 소수의 관리 인력만 필요한 첨단 산업으로 변모해 가고 있는 것이다.

농업이 진화하면서 사람들의 인식에도 변화가 생기기 시작했다. 불과 십여 년 전까지만 해도 '선진형 농업'이라고 하면 끝이 보이지 않는 밭에 헬기로 비료를 뿌리는, 미국이나 러시아식의 기업형 농장을 떠올리곤 했다. 그러나 최근에는 규모의 경제로 승부하는 농업보다는 '꼭 필요한 작물을 필요한 만큼만 공급하는' 스마트한 농업이 더 주목받고 있다.

이러한 변화는 크게 보아 제4차 산업혁명의 식량 버전이라고 할 수 있다. 학자마다 제4차 산업혁명을 정의하는 방식은 다양하다. 다만 생산부터 소비에 이르는 과정을 중심으로 보았을 때, 제4차 산업혁명의 핵심은 초연결망을 통해서 다양한 정보를 수집하고, 이를 인공지능으로 처리하여 개인화된 수요에 대응하는 것이라고 할 수 있다. 개인별 구매 정보를 빅데이터로 저장해서 맞춤형 정보를 제공하는 온라인 쇼핑몰이 좋은 사례이다.

데이터를 더 적극적으로 사용하는 기업들은 미국의 의류 기업

'스티치픽스(Stitch Fix)'나 스킨케어제품 기업 '펑션오브뷰티(Function of Beauty)'처럼 맞춤형 제품을 소량 생산한다. 데이터 수집부터 제조, 배송까지 모두 사람의 손을 거치지 않고 처리되기에 가능한 일이다.

현대의 농업도 비슷한 방향을 향하고 있다. 최근 주목받고 있는 식물 공장은 소비지 근처에 소규모 온실형 농장을 마련하고 지역 소비자의 취향에 맞춘 작물 여러 종류를 소량 재배한다. 외부와 차단되어 철저하게 독립된 환경에서 식물의 생장과 개화에 필요한 모든 조건이 자동으로 조절되어 최적의 생산 조건을 제공한다.

모든 환경이 인공적으로 통제되기에 농사 실패의 걱정이 없고, 산출량을 구체적으로 예측해서 시장 수요에 딱 맞는 작물만 출하할 수 있다. 식물 공장 시스템이 고도화되면 소비자 개인과의 계약을 통해 개인 맞춤형으로 작물을 생산하는 것도 가능할 것이다.

이는 소비자 입장에서 보면 내 취향에 맞는 작물을 손쉽게 구할 수 있다는 점이 더 좋을 뿐, 기존의 농업과 큰 차이가 있어 보이지는 않는다. 그러나 시장 전체와 환경으로 눈을 돌리면 이는 거대한 변혁이다.

기존의 농업은 전체 수요량을 예측하고 그에 맞추어 작물을 대량 생산하는 방식이었다. 이 과정에서 날씨, 수요 변동, 과잉 생산 등의 문제로 기껏 재배한 농작물을 시장에서 소화하지 못해 폐기되거나 가격이 불안정해지는 경우가 많았다. 이동 거리도 길어 오랜 시간 보관하고 유통하는 과정에서 손실되는 작물의 양도 만만치 않다.

대량 생산형 구조에서는 이처럼 '버려지는' 작물이 제법 발생한다. 농업에서 발생하는 오염원이 결코 적지 않음을 생각해 본다면, 버릴 작물을 위해 비료와 농약과 탄소를 낭비하고 있는 셈이다.

농업은 글로벌 유통 시스템 덕분에 규모는 성장했지만 에너지 효율성은 낮은 편이었다. 대량의 자원과 인력을 투입해 다량의 작물을 얻는 식이었다. 농업 생산량은 모든 인류를 먹여 살리고도 남을 만큼 증가했지만, 농업이 야기한 환경 파괴는 불필요하게 많았고 농작물 유통망은 길고 복잡해져 팬데믹과 같은 돌발 변수에 취약해졌다. 농업은 현대 대량 소비 문명의 약점 중 하나이다.

그러나 수요를 중심으로 필요한 양을 정확하게 생산하게 되면 이야기가 달라진다. 유통 경로를 최소화하고 보관 기간을 줄임으로써 상품을 신선하게 유지할 수 있을 뿐 아니라, 버려지는 작물의 양도 줄어든다. 똑같은 소비량에 대응하기 위해 더 적은 양의 작물을 생산해도 된다는 얘기이다. 자연히 농사에 필요한 에너지를 최소화하고 비료나 농약 사용을 줄일 수 있다. 유통이 단순해져 농작물의 가격이 저렴해질 수 있다는 점은 덤이다.

농업이 차세대 산업으로 다시 주목받는 이유도 여기에 있다. 세계 어딘가에서는 끊임없이 사람들이 기근으로 죽어간다. 위기가 닥치면 사재기가 기승을 부리면서 식량 가격이 치솟는다. 식량 유통의 불안정성 때문이다.

한편으로는 대규모 경작지를 확보하느라 숲이 사라지고, 막대한 양의 농약 살포에 지역 생태계가 손상된다. 식량 위기, 식량으로 빚어진 위기는 사람의 활동이 초래한 결과인 셈이다.

　사람의 활동이 만든 일이라면 사람의 활동으로 수습할 수도 있을 터이다. 이제 기지개를 켜기 시작한 새로운 농업의 모습은 다가올 식량 위기를 대비하는 과정이자 지구와 환경에 대한 현대 인류의 책임이기도 하다.